U0890322

知识生产的原创基地

BASE FOR ORIGINAL CREATIVE CONTENT

颉腾商业

JIE TENG BUSINESS

THE MIRACLE OF A
DEFINITE
CHIEF AIM

目标法则

大师的
积极思维课

[美] **米奇·霍洛维茨** 著
（Mitch Horowitz）

彭珊怡 译

SPM
南方出版传媒
广东经济出版社
·广州·

图书在版编目（CIP）数据

目标法则：大师的积极思维课 /（美）米奇·霍洛维茨著；彭珊怡译. -- 广州：广东经济出版社，2022.1

ISBN 978-7-5454-8015-3

Ⅰ. ①目… Ⅱ. ①米… ②彭… Ⅲ. ①成功心理－通俗读物 Ⅳ. ① B848.4-49

中国版本图书馆 CIP 数据核字 (2021) 第 231618 号

版权登记号：19-2021-259

策　　划　颉腾文化　　　责任编辑　陈　潇　李泽琳　王春蕊
责任技编　陆俊帆　　　　封面设计　Colin

目标法则：大师的积极思维课
MUBIAO FAZE：DASHI DE JIJI SIWEI KE

出 版 人　李　鹏
出版发行　广东经济出版社（广州市环市东路水荫路 11 号 11 ～ 12 楼）
经　　销　全国新华书店
印　　刷　文畅阁印刷有限公司
开　　本　880 毫米 ×1230 毫米　1/32
印　　张　7
字　　数　121 千字
版　　次　2022 年 1 月第 1 版
印　　次　2022 年 1 月第 1 次
书　　号　ISBN 978-7-5454-8015-3
定　　价　59.00 元

图书营销中心地址：广州市环市东路水荫路11号11楼
电话：（020）87393830　邮政编码：510075
如发现印装质量问题，影响阅读，请与本社联系
广东经济出版社常年法律顾问：胡志海律师

狭隘将关闭知识的大门，使人只停留在表面，“菲尼斯！我知道了！”狭隘把那些可能是朋友的人变成了敌人，还会毁掉机会，使人的头脑充满了怀疑、不信任和偏见。

——拿破仑·希尔

拿破仑·希尔画像　　　　　　　　　　　　　　　　　　蒂姆·波塔　绘

PREFACE

序

聚焦的力量

人所拥有的清晰的欲望是饱含力量的种子，亦是自我表达的计划。

——内维尔 · 戈达德（Neville Goddard）

我作为一名作者、出版人和独立探索者，已经在正向心智论和动机哲学领域摸索了 20 年。经验告诉我：没有哪个人为可控的因素，会比一个富有激情且被精心打磨的目标更有力量；在这个论断上，也没有哪个当代作家会比拿破仑 · 希尔（Napoleon Hill）更有说服力。

据希尔描述，1908 年伊始，在实业家安德鲁 · 卡耐基（Andrew Carnegie）的催促下，他就开始研究经济界、科学界、艺术界、政界等各领域的佼佼者所拥有的性格特点。他将这些性格特点编排进他的经典著作《思考致富》（*Think and Grow Rich*）以及很多相关书籍、文章和课程中。尽管希尔识别出人们通往成功的 16 个（据书中罗列）特质，但是他着重强调了其中最关键的一个：拥有一个明确首要目标的重要性。

希尔对明确首要目标（Definite Chief Aim）这个关键原则寄予厚望，以至于他经常提到这几个单词的首字母大写，在本书中我们称它为“DCA”。

一个明确的目标不是一个模糊的愿望或是欲望，比如说“变得富有”或者是“变得成功”这些散漫的想法。希尔教授说道：“这些想法通常会带领人们走向淡漠、幻灭和失败。”

相反，一个真正的明确首要目标指的是一个具象的、实在的目标，它是你除了健康或是家庭这种必要条件之外赖以存在的基准。虽然你的“DCA”可以设置得大胆些，甚至可以设置得很放肆，但是它也必须经得起推敲。希尔不相信所谓的妄想或是无来由的白日梦，他相信行动；而有效的行动只能由那些已经完成或者正在进行攀登人生巅峰训练的人们来承担。希尔坚定地认为，所有行动的起点、伟大的起点，就是这个富有激情的、被珍视的目标，它是生命无偿赠予我们最接近魔法的一个事物。

这种说法令你着迷吗？你是不是在怀疑，一个清晰的、聚焦的目标真的可以彻底改变你的人生吗？让我来告诉你一个故事——接下来在这本书中你会看到许多相似的故事，这些故事都是我的亲身经历。

跟希尔一样，我的事业也是从记者起步的。但当时的我并不快乐，我不想只写其他人的努力或是成就，我想通过自己的努力成就一番事业。离开新闻界后，我感到迷惘。不过后来我在出版界闯出了一片天地，在将近 10 年的时间里在这个领域如鱼得水，但是我总觉得自己缺失了些什么。我似乎没有为任何事情坚守，而是不停为别人的梦想打工。在千禧年到来之际，我差不多 35 岁了，我发现自己怀念写作——但那是一条我弃之已久的道路。

2003 年夏天，还差几个月我就要迎来自己的 38 岁生日，一个特别的机会出现了。《心智科学》（*Science of Mind*）杂志的编辑让我去采访全明星投手巴里 · 齐托（Barry Zito）。这本杂志是 1927 年由牧师兼作家欧内斯特 · 赫尔姆斯（Ernest Holmes）创办的月刊。巴里将正向心智学作为他训练项目里的核心部分。在采访他并完成那篇文稿后，“巴里的方法”帮助我重新发现了自己作为一名作家的激情和方向所在。虽然没有明确的意识，但我当时找到了我的“DCA”：去成为一名另类灵性和自救运动的历史学家（从这本书中你可以看出，我同时也是一名“有信仰的历史学家”）。即便我当时并没有发现这一关键信息，但是巴里的父亲乔 · 齐托（Joe Zito）却发现了。那篇文稿刊登两周后，未曾谋面的乔给我打了电话，用他教官般的声音说道：“米奇，你应该坚持做这件事！”在此后的 3 年里，我和兰登书屋（Random House）签署了第一本书的合同，我的第 2 个儿子也在此期间降生，后来的事情一切顺理成章。

人们好奇我作为一位父亲、一位丈夫和一名企鹅出版社的编辑，怎么可能找到时间写作（成为一名作家不意味着你要辞去你的工作）。我能回答的只有一点："我想写作胜过于想睡觉。"这句话放在今天仍然合适，而这就是一个明确首要目标的标志：一个蕴含着清晰的、行动导向的、可着手的以及饱含诚挚激情的东西。

我非常肯定，如果你想要找到自己的人生目标，这本书以及拿破仑·希尔的系列成功课程，可以带领你识别它、找到它。

《目标法则》是我深入探索希尔理念的第一次尝试，这个系列有 10 本书。这些书都能帮助你在生活的方方面面更好地应用希尔的理念。这本书扎根于拿破仑·希尔的原理、术语和概念。大多数书中提及的轶事、报道和练习都源于我自己。你会发现，其中很大部分（尤其是关于艺术和科学的）都是当代的案例，但是它们都受到了拿破仑·希尔的相关研究的启发。在个别案例中，我会特别强调希尔的理念中与 21 世纪读者关联更强的那些部分，比如说失败后的重振，或是在必要时期修改并明确首要目标。每一章都包含一个以上模块化的"行动步骤"——一些锻炼你的精神或情绪的额外练习，让你更全面地应用我们探索的那些理念。你可以时不时回头看看"行动步骤"或是章节结尾的"拿来就用"来温故知新。

我向你保证：我不贩卖幻象或是传播那些我没有亲身体悟过的理念。拿破仑·希尔也不会这么干。这本书是为实践梦想家以及实干家服务的。它对渴望能够成功，但一边抱着大袋薯片在闪烁的电视前面睡觉的人没有帮助；它只能帮助那些渴望在商业、艺术、专业、发明或是其他特殊领域中追求成功的人。无论如何，那些人总能在这样或那样的道路上靠近成功。

在这本书里，我把奇迹定义为一个合理期望以外的正向偏差，比如对一个珍贵但遥远的目标的感知。这种奇迹发生的可能性会很大，如果你有一个清晰的、富有激情的目标，再辅以机智的行动，奇迹就很大可能会发生。

或者这么说，我曾经用这么一句话形容《思考致富》这本书：情绪化处理后的想法辅以经过组织的计划，会导向一个富有激情的目标，这个目标是所有成就的温床。（如果我使用了任何陌生的术语，你可以直接跳到附录查看我列举的希尔的“成功的 16 条法则”）。

一个明确的目标是任何形式的成功的根基。我在自己的人生中已经深有体会，也见证了它对其他我认识或钦佩的人起到的作用，在接下来的篇幅里你可能会读到这些内容。我同样见证了许多有能力的人在平庸之中蹒跚——直到他们意识到“DCA” 的重要性，一切都会变得不一样。通过阅读这本书，我最希望看到的就是你可以身体力行地证明明确首要目标的力量。

《目标法则》将一步步地向你展示如何理解和应用希尔的理念，不管你设定的目标或认同的价值是什么。如果你无法全然领悟这个理念，希尔的其他课程（或任何其他相似的动机学课程）可能都不会起到作用。你会发现，无论是赚钱，还是用艺术表达自我、在自己的领域成为一名领导者，又或是战胜不公平与邪恶势力等方面，拥有一个明确首要目标会对你大有裨益。有些人想要全部，但通往成功的大门仅向某一类人打开，这类人拥有一个特别的、包罗一切的焦点——明确首要目标。让我们一起找寻你的目标吧！

CONTENTS

目 录

01

第一章

明确首要目标带来的奇迹

THE MIRACLE OF YOUR DEFINITE CHIEF AIM

你想从生命中获得什么？

认真回答这个问题，因为这将决定你走向成功还是失败。那些草率或随意的答案，或是大众化的答案，比如“我想要很多钱”，是注定没有意义的。同样，如果答案太贪心，所求过多也是不会有结果的，比如自己既要成为一名优秀的领导者，又想拥有很多休闲的时光，或者既想四处领略异国风情，还要抚养好一个孩子。

但如果一个人可以用一个清晰的、明确的且富有激情的目标来回答“你想从生命中获得什么”这个问题，那么这个人是可以成功的。

你是否注意到我强调“富有激情”这几个字？你的目标不仅要聚焦和具象，它还需要被注入心血。除了健康和家庭以外，你对其他任何事物的渴望都比不上它，它必须是一件你愿意倾注毕生精力的事情。并不是说这件事情本身需要多么光彩夺目，而是说你要非常严肃地对待它。明确首要目标，或者说“DCA”，绝对不能仅仅是单纯地想要什么或是渴望得到什么。这种东西在不同的情境下可能发生变化，所以明确首要目标并不是这样的，它必须是一种决心：势不可挡、长久持续且一心一意。

唯一愿望的力量

这个标准是不是过于极端了？并不。让我来告诉你一个故事，你可能听说过这个人：比尔·威尔森（Bill Wilson）。比尔从一个市井醉汉变成了国际性匿名戒酒互助协会的创立者。他是“十二步康复法”的发明人之一，这个方法帮助了数百万人从药物滥用、嗜赌成性或是强迫性欠债等成瘾症中解脱。1971 年比尔逝世的时候，世界各地的人们都哀悼他。

实际上，在 20 世纪 30 年代初，快 40 岁的比尔还只是一个颓废的、无可救药的贫穷醉汉。他对酒精的持续滥用，已经严重到需要不停辗转在纽约各大医院戒酒的地步，他的妻子露易丝·威尔森（Lois Wilson）只能打零工来勉强维持夫妻俩的生计。那时的比尔从任何角度来看都是一个失败者。他看似会一直贫穷下去并且早逝，这可能是因为酒精带来的病痛，也可能是因为酒后的致命事故。

跌落谷底的比尔建立了属于自己的明确首要目标，那就是自己保持清醒并帮助别人保持清醒。这两点并非独立的目标。比尔发现自己要保持清醒和去帮助别人保持清醒是同一回事。于是他成立了匿名戒酒互助协会，原则就是让嗜酒的人们互相帮助和服务。为另一名成瘾者提供咨询或是鼓励对一个成瘾者的康复至关重要。

1934 年 12 月，比尔开始对战胜酗酒有了最初的洞察，他形容那是一种精神上的觉醒。那时比尔正躺在曼哈顿的城镇医院里，他时常因为喝酒过量而光顾这个地方。“我躺在那儿挣扎，”比尔写道，“我陷入了从未有过的黑暗与抑郁中，有一瞬间我那骄傲的冥顽不化被击碎了，我哭了出来，我想我准备好采取措施行动了。”

接下来发生的事情彻底颠覆了他的人生：比尔说他拥有了全新的自由、高涨的情绪和绝对的焦点。比尔闪过一个念头，“你是一个自由的人了。”比尔感受到了一股神奇力量，如他所述，那股力量可以帮助他和其他人从对酒精的强烈渴望中解脱出来。随后的几年间，比尔将他的经历编撰成了匿名戒酒互助协会的“十二步康复法”，并且写了一本同名著作。

比尔的故事远不止于此。他 20 世纪 30 年代的灵感来源于一位叫作艾比·撒切尔（Ebby Thatcher）的老朋友，他是比尔最亲密的一名搭档，也曾是一个酗酒者。不同的是，艾比作为激发比尔对精神自由方面的兴趣的人，很快就酒瘾复发了。艾比余生的大部分时间都用来和酒精作斗争，还时常陷入疾病和穷困中。艾比虽然清醒，但是只能住在纽约北部地区的一个疗养院里，依赖比尔时不时给他寄来的支票来维持他的生命。

为什么他们两人，一个人戒酒成功，另一个人却失败了呢？区别就在于比尔拥有明确首要目标。比尔的妻子用一种轻描淡写的语气解释了她看到的这两个男人之间的不同：比尔拥有一个唯一的、至高无上的目标的力量。

在最初的两年后，为什么艾比复发了？明明是他给了比尔保持清醒的灵感，为什么他却没有帮助自己保持清醒呢？他很真诚，我确信这一点。可能是因为他们对渴望戒酒的程度不同。比尔全身心地想要摆脱酒瘾，艾比可能只是单纯地想远离那些烦心事。

“比尔全身心地想要摆脱酒瘾。”记住这句话。它蕴含了一个了不起的真理。在现实世界涵盖的范围内，你接纳了“全身心地想要的东西”——无论它是真实的自我、事业上的成功，又或是财富、关系等。排除掉其他强大外在阻力——要么好要么坏，那个你唯一想要的东西就是你能得到的东西。这就是人生和我们之间的讨价还价。

先验论哲学家拉尔夫·瓦尔多·爱默生（Ralph Waldo Emerson）写过关于力量和成就的关键就在于“专心”。他指的不仅是精神上的集中，虽然那也是一个显而易见的优点，更多的是指把你所有的想法和努力都集中到一个具象的、定义明确的目标上。在他的随笔《思考的力量和法则》（*Powers and Laws of Thought*）里，他就是这么说的。我建议你把这段话写下来，把它放在你时不时能看到的地方，经常重温它：

不管是智力上的或是身体上的力量，其秘密都在于专心致志，所有的专心致志都要求特定的边界。一个人如果只看向一件事物，那他必然需要把目光从世界上的其他事物移开，这是自然规律。戴着眼罩的马，再有一位专注的骑手加持，能跑得更快。如果你问，这种不可避免的缩小边界需要做什么补偿，为什么做这个，为什么做那个，我只能说，从一件事中你可以学会所有。

人们总是为自己无法着手做的那件事找借口。他们会说自己无法通过那件事维持生计，或是他们不知道如何开始。钱的事情固然重要，在接下来的章节我们会解决这个问题，确切来说是第四章，但是人们的这类说法通常只是为了掩饰自身的惰性。你肯定可以开始做某件事的。

1964 年，心灵导师吉杜·克里希那穆提（Jiddu Krishnamurti）与在印度的年轻学生展开了一系列对话。这位老师谈到从众的乏味以及追随本心的必要。一位男生问他："我们怎么样才能将您教授的东西付诸实践呢？"克里希那穆提回答说，如果我们非常想要一个东西，我们肯定会知道怎么做的。"当你在路上看到一条眼镜蛇，"这位老师说，"你才不会问'我该怎么办'，你绝对知道眼镜蛇的危险并且你会远离它。"

你听说某件事情是对的，想要在日常生活中付诸实践，想法和实践之间肯定会有落差，不是吗？你想的是一件事，但做的却是别的事情。你想把想法付诸实践，在思考和行动之间肯定有差距，然后你就会问如何缩小这个差距，如何把你的思考和行动连接起来。

那么现在，当你非常想要做某件事的时候，就会去做，对吗？比如你想去打板球，或者做其他非常感兴趣的事情，你总能找到办法或方式去做，才不会问怎么付诸实践。你会去做是因为你渴望那么做，因为你的整个身心、理智都在这件事上面。

我们无意声称要舍弃一切来拯救那个我们追求的目标，但是如果有人并未拥有一个自己确信的真理呢？这可能就是《圣经》启示录第 3 章 16 小节所指的那些不冷不热的人："你既如温水，不冷也不热，所以我必从我口中把你吐出去。"犹豫不决的人，优柔寡断的人，那些不站队的人，他们将什么也得不到。人生并不允许折中。

从这个意义来说，找寻一个 DCA 是向自己提出了一个要求，一个你觉得曾经有过这样的想法但从未付诸行动的要求。它很简单：精确地描述你想要什么，并正视它。但这个简洁的指令背后隐藏着危险，受制于我们所拥有的习惯和身处的文化背景，我们可能会以为我们早就知道自己想要什么，但从未真正检验过我们的假设。然而当你用特定的方式组织你的想法——用一种无所畏惧的成熟和诚实，你可能会对自己真正渴望的东西大吃一惊。一个认为自己崇尚“精神富有”的人可能发现自己内心深处渴望着世俗的成就；一个身体力行支持他人或家庭成员的工作的人，可能发现自己心底有无处安放的自我表达诉求；一个喜欢抛头露面的、外向的人可能发现自己真正想要的是独处。

这些例子是否意味着你像比尔一样，也必定需要拥有一个独特的“心灵体验”才能找到属于你的“DCA”呢？其实不然。我并不关心你是否是个信徒，或是不可知论者，又或是无神论者，我在这儿并不是想向你宣传宗教；我强烈推荐的是让你相信自己的潜能。你需要的是一次绝对清晰的体验——把它叫作顿悟吧。如果你喜欢的话，在这个体验里，你会意识到最真实的目标的本质。资本主义哲学家安·兰德（Ayn Rand）是一名坚定的无神论者，但是兰德在拒绝一切有神论的说法和理念的同时，坚称一个人必能达到绝对自我觉知的顶点，那时他就会知道，无须多疑，那就是人生的真正意义。

一旦那个意义出现，或者你可以称之为“更高的目标”，你的全部精力都将围绕着它运转。你的时间将变得更高效，你的关系将变得更丰饶（因为你会珍惜真正的、有效的接触，而忽略那些打发时间的交流），你的情绪也将变得高涨，你的思维将更加宽广和敏捷。你会觉察到人与人之间的奇妙联系，也会发现之前从未关注过的话题。虽然需要消耗大量的精力和自省才能达到这种有意义的自我觉知水平，但是它绝对值得。这本书就聚焦于讲解找到这种意义的方法。

正向执念的力量

你想要赚很多钱吗？来读这本书的人大概都想吧。这是一个美好且高尚的目标，有钱比没钱能做更多事情。你可以帮助你爱的人，可以资助学校、医院、教堂和海外援助组织等慈善事业，可以解救受困的人们，还可以享受世界上最美妙的事物，比如旅行、文化和美食。这些都是实实在在的追求。但是“赚很多钱”本身却不是一个足够好的DCA。“渴望变得富有”的欲望不会帮你变得富有。

这里有一个伟大且有价值的秘密，我想让你认真对待它：你的目标必须能够提供给这个世界一个确切的、清晰的服务。你必须用坚持、决心和良好的计划来实现这个目标，只有这么做，你才有可能真正变得富有。也许你自己的真实欲望，可能不会让你变得富有，但你至少可以变得自我满足且有价值，生活上会过得舒适。最重要的是，你一定不能平庸。平庸会消耗你的精力，你必须让一个具象的、有助益的目标来主宰你的双手、心灵和头脑，来满足你生而为人的需求（我们将在第三章“这个目标足够好吗”里面详细讲解这一点）。

拿破仑·希尔甚至认为你的目标必须和强迫症的形式差不多。在今天看来，我们认为强迫症是一个有害的干扰，它会妨碍我们生活中的健康追求，因此我们要把它当作需要缓解的症状来对待。然而，事实是，如果你观察那些卓越的伟人的生活，无论是艺术家、科学家，还是企业家，他们的成就通常是从一个耗费心力的、令人痴迷的欲望中生长出来的。不是什么普通的欲望，而是一个能被转化为同等分量行为的、提供有助益的终端产物的欲望。

希尔经常提到镀金时代钢铁人亨安德鲁·卡耐基（Andrew Carnegie）的例子，卡耐基在一次访谈中告诉希尔，他认为自己打拼过程中最关键的原则就是专注于目标本身。希尔是这样转述的：

> 研究任何一个有成就的人，你都会发现他拥有绝对主要的目标；他会为达成目标制定计划；他会为达成目标投入绝大部分的思考和精力。我个人的主要目标就是制造并且营销钢铁，当我还是个工人的时候就开始有这个目标，后来我对它深深着迷。晚上我带着它入睡，早上我带着它上班。我的绝对目标变得不再是一个单纯的愿望，而是变成了一个燃烧的欲望。只有这种绝对目标才可能带来我们想要的结果。一个单纯的愿望和一个接近强迫症的燃烧欲望的差别在于，每个人都想要生活变得更好，比如有更多的钱、更好的职位、更高的名望和赞誉，但大多数人仅停留在“愿望”阶段。可是知道自己真正想要什么并且致力于得到它的人，不会只停留在“愿望”阶段。他们会把愿望放大成一个燃烧的欲望，并且用基于合理计划的不懈努力来支撑它。

可能制造钢铁的愿望对你来说并不那么浪漫。也许你想为这个世界伸张正义，或是治愈疾病，或是成为华尔街精英，又或是在教育界、艺术界取得一番成就，不过无论是什么都没关系。卡耐基的说辞为所有类型的成就提供了同一种必要的心智模型。我必须再次强调：任何领域能有所成就的人必然是那些把追求目标当作激情和强迫症的人。这也是为什么你必须选择一个能够激励你以爱、向往和驱动力去行动的DCA，你的目标背后必须饱含强烈的情感。

滚石乐队吉他手基思·理查兹（Keith Richards）说，20世纪50年代中期，他还是一个崭露头角的音乐人时就意识到了自己的人生目标。那时他听到了猫王埃尔维斯·普雷斯利（Elvis Presley）的第一个吉他手斯科迪·摩尔（Scotty Moore）的弹奏风格，“我心心念念想要做的就是可以像他那样演奏”，“别的人都想成为猫王，而我想成为斯科迪。”这就是一个富有激情的目标。虽然在概念上感觉很简单，但是内核却充满情感，像其他有价值的目标那样，它要求巨大的投入、训练和努力，正如那个我们自然会提到的话题一样。

聚焦的魔法

约瑟夫·墨菲（Joseph Murphy）是20世纪最伟大的、

流行的神学作家之一。作为一个爱尔兰人，墨菲在20世纪30年代初期移居纽约，那时的他想成为一名化学家。虽然他拥有科学领域的背景，但对当时席卷西学世界的“新玄学”充满了兴趣。墨菲对新思潮、基督教科学派和“正向思考力量”等十分着迷。

在纽约的阿尔贡金酒店的药房柜台做了一段时间药剂师后，墨菲开始意识到自己拥有一种天赋。他可以恳切且有力地与自己进行心灵和精神上的沟通，他认为这可以帮助到他人，就像化学成分可以引起身体上的特定反应那样。墨菲开始把潜意识看作一种引导装置，一旦想法或信念被植入，潜意识会找到各种各样的方式去实施，有时候甚至出乎意料，把观念作为行动的导向。

墨菲很快就中断了作为化学家的职业生涯并成为一名作家和神学牧师。在他最有影响力的著作，即出版于1963年的《潜意识的力量》（*The Power of Your Subconscious Mind*）中，描述了通往成功的三个步骤：热爱你的工作；在你的领域做到精通；通过工作提供价值。我们会简短地审视墨菲提及的原则，以及这些原则如何帮助你设立DCA。

第一步，是去发现你热爱的事物并且寻找办法把它落实到行动中去。无论这种方法看起来多么的简单或是原始。墨菲说，成功最大的保证来源于对工作的热爱。如果你热爱自己做的事情，不仅可以从中获得最本质的快乐（至少在大部分时间里是这样的），你的热情还会带来相应的回报，也就是获得成功的能力。

有些人抱怨说他们完全不知道自己热爱什么。我经常听到这种问题，我们会从以下几点来回答。遇到这种情况，墨菲建议使用以下路径进行沉思：我潜意识里的绝对智慧会揭示我在人生中的真正位置。独自安静地、积极地并由衷地重复这样的沉思，使它在你的潜意识中留痕。

要有效使用这种沉思或自我肯定，有两点至关重要：情感和时机。沉思一定不能是例行公事般的重复，词句本身并无魔力。为了召唤出自身富有创造力的能量，我们必须带着深沉和真挚的情感把这些词句说出来，不要强迫自己。如果你当下“不在状态”，那就等有状态的时候再做这个练习。我们都会经历情绪的起伏，就像潮起潮落那般。利用这样的情绪状态：当你觉得舒适、自信、安定并且充满期待的时候——那就是你沉思的最佳时机。做练习要坚持、稳定。

最好的、独自沉思的时机就是差不多快要入睡和差不多快要醒来的时候。这样的时机通常发生在你处于半睡半醒间

（并且这时你的身体是非常放松的），这也被称为“临睡状态”，这时你的潜意识是最容易被影响的。

当你一直带着舒适和自信的状态沉浸在这种练习中，目标的本质、热爱的工作，可能通过一种情绪、直觉或是倾向的方式来显现。它很有可能带着温和的涌动和内在的感知清晰地走向你。

第二步是在特定的领域变得专业，并且努力在这个领域做到比别人懂得更多。举个例子，如果一名学生选择主修化学，他需要专注于这个领域的某个分支或子分支；他需要把全部时间和精力花费在所选的专业上；他需要对专业领域的现状和发展都有足够的求知欲。成为一个通才的做法被高估了，专业的深度才是成就伟大的关键。没有哪个外科医生会用通用的术语来描述自己——每一位外科医生都会专攻某一特定的器官或某种特定的手术。这个模式在所有领域都是通用的：术业有专攻。

第三步是墨菲认为最重要的一步。你必须知道你热爱的事物并不仅仅只带来成功。你的欲望不能仅通过赚钱或是贪婪来定义，它还必须对他人有所助益。你需要打造一个完整的闭环，即每一次运作都要在满足自己需求的同时也满足别人的需求。如果这件事情仅对你自己有利，那这个闭环就不完整，它所带来的幸福、效率和价值都不会长久。在《思考致富》里有一个关键的段落，拿破仑·希尔规定每天至少应该重复以下宣言一次：

> 我全然意识到除非财富或地位建立在真理和正义之上，否则它们便不能持久存在。因此，我不会参与任何无法使受影响者获益的活动，我将通过我希望使用的力量并与他人合作而成功；我愿意服务他人也将使得他人来为我服务；我将通过发展对全人类的爱来消除憎恨、妒忌、自私和愤世嫉俗，因为我知道对他人的负面态度绝不会带给我成功；我要让别人相信我，因为我也相信他们和我自己。

这个宣言很好地揭示了墨菲的追求，请把它挂在你的桌前或是贴在你的笔记本电脑上。正如我们接下来将探讨的那样，我们在乎他人的想法和在乎我们自己的想法一样，这在我们的生命中至关重要：你相信这些想法将决定你的日常生活体验，无论这些想法是关于你自己还是关于他人。

总而言之，热爱某项事物、专攻对应领域和判断这个项目或是活动除了对你有益以外也对他人有益，结合这三点形成了聚焦的有效三角。这种聚焦会让你一直不偏离轨道、将你推向与目标相关的人和事上，也会让你和身边的人对你所从事的事业正逐渐壮大颇有信心，最重要的是，它将用激情支撑你的欲望。墨菲的公式本质上就是设计并展开你的明确首要目标的三个步骤。

重定向的精神力量

你的目标和思考方式对于结果来说至关重要。当代神经科学已证实，有情感力量支撑的、坚持不懈的想法蕴含着特别的能量。在脑科学领域这被称为神经可塑性，这一领域在 21 世纪初获得了突出的地位。简单来说，加州大学洛杉矶分校和其他地方的一些研究员发现，有些强迫症的患者可以通过一个重定向思维的持续项目来改变他们的神经通路。脑部扫描发现你的想法真的可以“重写”你的大脑。

神经可塑性领域中最活跃和最脚踏实地的一名实验者是精神病学专家杰弗里 · M. 施瓦兹（Jeffrey M. Schwartz）。施瓦兹设计了一个项目来教强迫症的患者把他们的想法从那些入侵的或是惯性的冲动中转移。他的法则指出那些重定向的、健康的想法必须聚焦在一些令人享受的事物上，不管是音乐、运动、吃东西或是其他，这一点对我们的主题来说很重要。你并不能仅仅通过意愿就达到控制自己心智的效果，尝试控制想法或是情绪常常带来令人沮丧的逃避和消耗。但是，你要逐渐朝着饱含激情的欲望走去，这才是施瓦兹疗法的关键。再次强调，思绪的主题必须从那些强迫性的或者惯性的驱动中重定向到某个令人愉悦的事物。这种“重定向的精神力量”最终会使得大脑的神经通路重写，电脉冲正是通过它们传递的。

神经可塑性说明了为什么你要为你灵魂深处的渴望设计一个 DCA。这么做是一种对抗干扰、神游、冷淡以及拖延症的保障，也可称为“万物杀手”。“做你热爱的事情”并不是单纯又好听的口号，它是让人集中精力投入并且帮助你收心的东西。这不仅仅是数据上的事情，“我认为，”施瓦兹说，“现在是时候向科学求助如何应对严重的精神影响了，定向的、控制的精神活动可以清楚且系统地改变大脑功能；意志力量的发挥将催生一种体力，它拥有改变大脑的工作方式甚至改变物理结构的力量。”

每天强壮一点点

富有激情的 DCA 可以助你成功，还有一个原因在于它调动了心理暗示。心理暗示是 20 世纪初由法国催眠治疗师埃米尔·科尔（Emile Coue）创造出来的一个词。你或许知道科尔关于建立自信的真言：“一天又一天，在各个方面，我都变得越来越好。”这位“心智先锋”推荐大家在晚上即将入睡或者早晨即将醒来的时候默念这句话 20 遍。

在这种“半睡半醒”的状态下，你对你的感官信息是能意识到的，你的神志正跟着意识流的想法和画面游走；但是由于你的理性防御已被卸下，逻辑功能处于“低谷”的状态。这也是为什么悲痛或是抑郁的人群经常把早晨的这种低迷时段描述为一天中最难受的时候。这些时段非常不适合用来解决问题或是思考疑惑，因为此时我们看待事物的能力正处于最弱的时候，或者说，我们潜意识和情绪里的“捣蛋鬼”正处于主导地位。

然而，有一种方式可以利用这种“临睡状态”来为你的目标服务。正因为你的理性防御比较低，这是一个可以把想法通过冥想和自我肯定植入脑海的绝佳时机，比如前面提及的墨菲和科尔的那些宣言。不断进行自我肯定其中一个最大的问题在于理性思维可能会拒绝它们。如果你自己并没有感觉到肯定，或者没有感觉到强壮，你的理性思维可能会用力抵抗，这会使你感觉更糟糕。但是当理性的大门关上时，科尔和其他相关人士已经从理论上说明这时进行自我肯定可以更轻易地渗入潜意识并形成带有情绪的记忆，就像你能生动地回忆和体验童年时期的那些开心、悲伤的片段一样。

哥伦比亚大学及其他一些地方的研究员正把目光投向临睡状态，他们尝试更多地理解我们的心智在那些碎片化时段是如何运作的，通常那些时段的感觉会更容易被接受且我们对现实的感官更易被操控。临睡幻觉是法国“心智先锋”科尔早期提出过的观点之一，21 世纪的研究员们正在做研究以证实那些观点。

哈佛医学院的“安慰剂”研究员们曾无意中发现与科尔的研究不谋而合的东西。2014 年 1 月，哈佛医学院的一项研究发现偏头痛患者在收到关于药物的“正向评价”后对治疗反馈出了更好的效果。科尔在 1900 年代初期已经观察到这种现象，当时他还是法国西北部的一名药剂师。他发现当他对一个处方表示赞扬的时候，病人们的治疗效果会更好。这个洞察给予了他“一天又一天”自我肯定的灵感。科尔相信，无论是什么需求，任何人都可以通过每天例行默念那句有名的真言激发出积极精神力量——和他鼓励病人们产生的那种力量一样。

> 哈佛的研究员们得出了他们的结论，像是在回应科尔在20世纪的洞察。虽然他们的论文并未提及科尔，但是科尔的工作其实被这项研究中的一名参与者熟知，他是特德·卡普特查克（Ted Kaptchuk），他指导了哈佛的“安慰剂”研究。“我当然知道科尔。”卡普特查克告诉我。他认为这个偏头痛的研究可以和科尔的洞察相结合。

思维的新领域

你是否注意到当某些东西深深地印在你的脑海时，比如说一份深信不疑的信念、一个强烈的欲望，或者是一种满怀期待的自信（或是任何跟这些相反的东西），你就更能发现自己与你当前聚焦的事物有相关的联结或是可能性？它们似乎会拉近你和聚焦事物的距离。

聚焦的思维会使你与相关联的条件和人群更接近，理论上来说，这个现象之所以发生肯定不仅是因为你对周围的环境更敏感了，或是你对一个预设的想法更有寻求认同的意愿（一种叫作“确认偏差”的现象），而是因为，你可能会以一种尚未被理解的特别方式与那些半路上遇到的人沟通你的态度，那些人可能给你提供帮助或是提供一些必要信息。

从 20 世纪 30 年代早期开始，杜克大学的研究员 JB. 莱恩（JB Rhine）做了无数次的实验，这些实验持续了几十年。在这些实验中，被试者尝试“猜出”一种画有圆圈、方块或者交叉符号，被称为“齐纳卡”的五色花纸牌中，有哪几种花色的牌被翻转了。有几位被试者猜中的水平确实在统计学意义上略高于平均水平。莱恩在批评者的审视下，倾尽全力地保证他的实验数据不被破坏，他的卡牌实验数据控制得比其他临床实验数据更精细。通过数年的实验得出来的这几个百分比的显著差异，预示着在实验环境内存在着某种难以名状的信息交流，可能就是我们解读的实验数据被还未理解的某些方式所破坏了。

莱恩的实验在过去几十年里一直争议不断，但他的数据和研究至今未被推翻。拿破仑·希尔和他的主要合伙人兼资助人、保险顾问 W. 克莱门特·斯通（W. Clement Stone）都对他的实验持肯定态度，我也一样。美国科学促进会前主席沃伦·韦弗（Warren Weaver）曾负责分配数亿美元的研究基金。他给洛克菲勒基金会（Rockefeller Foundation）和阿尔弗雷德·P.斯罗根基金会（Alfred P. Sloan Foundation）拨款，让他们检查莱恩的研究方法并得出了结论："我无法拒绝这些数据，也无法接受实验结论。"韦弗不同意莱恩的观点，但作为一名正直的科学家，他拒绝给它们下定论。

我不希望本书的任何读者听信我或者是莱恩的片面之词，说什么这个实验是有效的，也不要对W.克莱门特·斯通的说辞照单全收，虽然他足够认可莱恩的工作并资助了莱恩所在的杜克大学的实验室。如果你对这个话题感兴趣，可以自己去研究一下。如果对莱恩的实验结果进行详细解读，则超出了本书的范畴。我们提出这个实验的目的，最简单来说，就是许多深思熟虑的、老练的人们都说他们产生了强烈的预感，或是遭遇有深意的巧合和幸运的"意外"，有些东西确实无法通过普通的实验或是统计概率来解释。

思维是一个前所未有的新领域，当你充满热情、勤勤恳恳地聚焦在一个渴望的目标上，你的精神装置会调动起非凡的力量，即便有时候它似乎并未明显显露。

行动步骤
使用自我肯定的正确方式

有一个持续的、但我个人认为有点跑偏的争议一直存在于励志和积极思考领域：自我肯定应该使用现在时态（“我是”）还是未来时态（“我将”）？有些人认为未来时态把你的目标推到了一个不知何时才会发生的时间点，这会使得现状一成不变。

真的存在一个所谓“正确”的肯定方法吗？

事实是：你可以使用任何你觉得真诚且自然的、能帮助你保持情绪唤起的语言。当你的思维被一个想法或画面占据，你就会倾向于寻找能靠近它的环境。关键的点在于聚焦。如果你对现在就拥有的某样东西存在质疑，并且用未来的眼光看待它会更具说服力，那就坚持这么做。希望传统主义者原谅我，因为我认为不存在自我肯定一个目标的错误方法。

畅销科幻小说作家奥克塔维亚·巴特勒（Octavia Butler，1947—2006）的人生就是一个恰当的例子。20 世纪五六十年代，巴特勒在加利福尼亚州帕萨迪纳市的一个工人阶级非裔美籍家庭长大。巴特勒因为笨拙、害羞并且身高远高于同龄人，感觉自己被其他孩子孤立了。在她独处的时光里，她养成了大量阅读的习惯，并且对写作产生了强烈的渴望。巴特勒后来成为了科幻小说界第一位广受认可的非裔美籍女作家，颇受大家的欢迎和称赞。

亨廷顿图书馆的档案管理员从这名小说家的手稿里发现了从她个人视角下惊人且有先见之明的描写，巴特勒在1988年以一种典型的积极心智学的口吻书写道："我将成为一名畅销书作家，这就是我的人生。我写畅销的小说，我会找到达成目标的方式。心之所向！就去做吧！"巴特勒在她的视角里同时灵活地使用未来时态和现在时态。她把情绪书写下来，不受任何形式的干扰。

巴特勒的宣言表现了另一个积极心智的原则：有意义的成功。"我会把穷人家的黑人孩子送去作家的工作坊；我会帮助穷人家的黑人孩子开拓他们的视野；我会努力照顾好妈妈和自己的健康。"

你可以学习巴特勒的自我肯定，把你的情绪写到网上，包括写到亨廷顿图书馆的博客Verso上。巴特勒用充满渴望的语言表达打造了一名艺术家或企业家的完美宣言。

拿来就用

- 别假设你早已知晓自己的目标是什么。我们经常重复那些并非表达我们真正态度的东西。你要审视你自己。
- 人生不会跟我们讨价还价：我们已被赋予追求一个绝对聚焦的和饱含激情的目标的机会，而不是过剩的冲突目标或模糊欲望。
- 一个目标不仅仅是一个偏好或是大而化之的愿望。它是具象的、绝对的并且受激情所驱使的东西。
- 一个明确首要目标（DCA）背后必须包含强烈的情绪。
- 你的目标必须具象化。它被描述得越详细，你就越有可能实现它。
- 你的目标必须具有生命力——它应该给其他个体提供具体的价值。
- 自我肯定的人会用独特、敏锐的感知力为你的思维充电，带你抓住那些能帮助你实现目标的机会。
- 你可以通过心理暗示和神经可塑性来改变你的态度和你大脑的神经活动。
- 在晚上即将入睡和早晨即将醒来的时候练习自我肯定。你的思维在这种时候更容易受影响。
- 自我肯定或冥想时，真诚并富有感情的人对潜意识的影响效果最好。别纠结语言，自我肯定没有错误的表达方式。

- 我们才刚刚摸到一点点理解心智潜能的方法，认真对待思维的力量和暗示。

02

第二章

如何确定你（真正）想要什么

HOW TO KNOW WHAT YOU (REALLY) WANT

正如我们所探讨的，为自己设立一个富有激情的目标之后，对你走向成功、远离那些消耗你的干扰是多么重要，但这不代表要忽视你的健康或家庭生活。事实上，如果你不注重这些方面，你和你所在意的人都会受苦。

哲学家雅各布·尼德曼（Jacob Needleman）曾经告诉我："如果你对该在意的事情不在乎，到头来它会占用你更多的精力。"这句话里蕴藏着一个非凡的真理。努力保持平衡：不要忽视健康、家庭、亲密关系、家人等，也不要忽视那些有可能在最后演化成危机进而侵蚀你全部精力的事物。

认真对待这个警示。不过，与此同时，也不要过于敏感，你可能听过"没有人会在弥留之迹懊恼自己没有花更多时间在办公室里"这样的说法，关于这点，我不置可否。可能有时候说的并不是指办公室，本质上来说，可以是工作室、舞台、实验室、体育馆、商店等。不过，有时候说的就是办公室。

我们经常听说，成功并不能避免生活中的其他困难发生，也不能补偿低自我认同。但我要对这种并不全然正确的说法发起挑战。工作对人们来说具有很重要的价值，有些形式的成功，如果不称之为对困难的弥补的话，就会被认为是人生早期遭遇困难后的一个有效且合理的结果。

拿破仑·希尔讲述了他的儿子布莱尔的故事，1913 年布莱尔出生时便患有严重的听力障碍。很多年过去了，在各种努力下，希尔发现他的儿子还是有一点听力的，只是当时助听技术还处于萌芽阶段，没有哪种听力辅助的效果让布莱尔满意。在布莱尔 24 岁那年，也就是《思考致富》出版那年，布莱尔收到了一个实验性的助听器，这一次总算对他有帮助了，他觉得自己获得了救赎。

“一个想法油然而生，”希尔写道，“他或许可以去帮助数百万还没有助听器的有听力障碍的人们。”布莱尔仔细“研究了助听器制造商的整个市场营销体系，并创造了各种通道和方式，和世界各地有听力障碍的人群沟通。”布莱尔将这些研究写成了一个两年计划并最终被助听器制造商采用。

会有人去告诉布莱尔不要那么拼命地工作吗？或者去告

诉他应该休息并且花时间去细嗅蔷薇？当然不会。布莱尔有一个使命、有一个职业，这使得他感觉到自己活着——因为他获得了人生的意义和方向。不仅如此，在这个人生节点把助听器带给其他听力残疾者，也为他此前经历的苦难赋予了意义。如果你怀疑拥有一个使命可以减轻苦难，去读一读心理学家、大屠杀幸存者维克多·弗兰克尔（Viktor Frankl）的《活出生命的意义》（*Man's Search for Meaning*）一书。布莱尔的明确首要目标就是把新的助听技术带给大众，并为有听力障碍的人创造新的可能性，他用传教般的热情将自己奉献给了这个使命。

我祝愿你和其他读者都能拥有一样的使命感。找到一个你愿意为之倾注所有热情的使命或者目标是一件非常美妙的事情。我的堂兄弟改变了自己的职业生涯，从法律界转行进了投行。虽然比起他的一些同事来说，他进入这行似乎有点晚了，但是他下定决心要在一个苛刻的新环境里闯出一条路来。虽然他收入确实很不错，但是工作时间更长，竞争也更激烈。一天，我的几位伯母告诉他，“你不应该这么拼命工作。”他疑惑地看着她们并问：“我为什么不应该拼命工作？”她们不知道该作何回应。你怎么可以告诉一个人应该把他的人生精力放在哪里？如果你被一个使命或是目标吸引，应该欢呼，这说明你正在动用你全部的创造力和智力，你正在开发你生而为人的潜能。

复习一下前面《圣经》启示录第 3 章第 16 小节的指示，人生并不会给你折中回报，如果你的投入不冷不热，你的回报也将不冷不热——最好也不过如此了。有些人可能会远离那种觉得自己为欲望付出的努力还不够多的人生体验，你是这种人吗？如果是的话，找到正确的 DCA 可以帮助你避免日后的追悔莫及。

追随自身的幸福

这里有个简单的练习，可以帮助你开始找寻并打造 DCA。即便你早已知晓自己想要什么，也可以做一次。世界著名的神话学者约瑟夫·坎贝尔（Joseph Campbell）称赞这个练习，称其指导开启了他的学术生涯，最终使他成为了 20 世纪最著名的神话学者之一。坎贝尔对英雄和神话的分析后来启发了《星球大战》（*Star Wars*）的创作者乔治·卢卡斯（George Lucas），使他塑造了如年轻人卢克·天行者和饱受折磨的大反派达斯·维达等人物形象。

大萧条前夕，坎贝尔生活在纽约市。马上就要 30 岁了，这位不怎么年轻的探索者漫无目的：他完全不知道自己到底想干什么。每个星期天，坎贝尔会去由一位名叫芬威克·赫尔姆斯（Fenwicke Holmes）的牧师主持的新思想教会。芬威克是欧内斯特·赫尔姆斯（Ernest Holmes）的兄弟兼合作伙伴，后者是“正向思考力量”的创造者之一，也是《心智科学》杂志的创始人。坎贝尔向芬威克寻求建议，这位牧师让他做一个练习来找到自己应该把人生的能量置于何方：“一个人应该用四到五周的时间把那些自己感兴趣的点滴都记录下来，最后会发现那些事情往往暗指了一个方向。”这个简单的技巧巩固了坎贝尔研究神话的愿望。这个练习后来在坎贝尔的著名格言“追随天赐之福”中产生了回响。

找一个刚好能放进你口袋的小笔记本并在接下来的几周里随身带着它，遇到任何吸引你的事物你都记录下来。勤快一点，不要放过任何事物，不要预设你的发现，要允许自己发现惊喜。

三步奇迹法

如果有一个精灵允诺会实现你的一个愿望，但是有个条件：你必须告诉他你真正想要的东西是什么，否则你将失去一切。

如之前的章节提及的那样，我们反复告诉自己想要相信的事情（“我喜欢我的工作”“我享受待在人群中”等等），这些事情都带有惯性的、系统的特质。然而我们很少对自身的欲望和愿望进行慎重的、持续的审查。令人惊讶的是，我们通常并不知道自己真正想要从人生中获得的东西是什么。

这里有一个很简单但极其有用的练习，可以帮助你找到并且打磨你的 DCA。它将带给你真正的惊喜，又或者将验证并改善你现有的目标，我把它叫作“三步奇迹法”。如果你觉得我过于夸张的话，就亲自试试看结果如何。

这个练习来自一本诱人的书，这本书我送出去不止 100 本了。这是一本只有 28 页的小册子，在 1926 年被命名为《奏效》（*It Works*）。作者的署名是自己姓名的首字母 R.H.J。事实上，他是芝加哥的一名销售员，名叫罗伊·赫伯特·贾勒特（Roy Herbert Jarrett，1874—1937）。

作为一名非常成功的销售主管，贾勒特用了多年的时间来测试他的理论，直到过了 50 岁才把它写进书里（这里顺带提醒一句——你的目标可能需要一些时日才能结出果实）。

有许多人极其依赖这本书，这本书现在也仍然在发行中。

如果你之前从未听说过它，那么这可能会是你人生中的转折点。如果你已经知道我马上就要介绍的练习，我希望我的描述可以为你提供一个新的视角。

贾勒特从一个创造思维的项目中提取了精华并转化为三个精致简单的步骤，但是如果你想从中受益，你必须全身心投入——这些步骤只有在你全身心投入的情况下才能奏效。我经常告诉人们，几乎所有关于励志的书籍或练习，关键都在于你要像把整个人生都押宝在它身上那样实践。这三个步骤就是：

第一，认真列出一个关于你真正想从人生中获得的东西的列表。每天修订它，重写它。把你认为必然的事都扔到窗外。你可能早上 9 点写了个列表，并且觉得它正确无比，但到了下午 3 点，你可能准备把它撕掉重写一个。这就是你做对了的信号。你可能刚开始在写列表的时候就被不确定性包围了，突然之间觉得对自己想要什么很模糊——好像你的想法从未清晰过。你可能会失望，很好，继续下去。坚持每天都重写并重组你的列表，直到你从心理和理智上都觉得非常确定自己已经捕捉到了内心深处的渴望。

第二，每天早上、中午和晚上都读一读你的列表，时刻思考一下。一旦你十分相信（即便是这样也可以允许你自己反转几次）自己的列表是内心深处的渴望的真实总结，坚持每天早上醒来后在一个安静、冥想的氛围中读这个列表；中午重复一次；晚上在即将入睡时再读一次。把它放在一本牢固的笔记本中随身携带，或者放在一张塑胶索引卡里，让它牢牢待在你身边。排队时、通勤时，还有坐电梯时都拿来读一下——总之就是经常读它。

第三，别告诉任何人你在干什么。有些人在这最后一步困难重重。我的一些朋友曾经开玩笑说这就像是电影和小说《搏击俱乐部》（*Fight Club*）里面的宣言："不要提及搏击俱乐部！"不过这个笑话掩盖了一个真相：你必须对你自己的列表保密。并不是说要搞得神秘兮兮的，而是为了防止别人——朋友们、亲戚们、同事们，随意作出一些会影响你的决心的负面评论（人们最喜欢这样的消遣）。这些梦想只属于你，它们非常私密、充满力量且极其重要，它们对你的人生和幸福至关重要，永远都不要向他人透露。后续我们会看到拿破仑·希尔教授提到的只向有效的、有用的资源和人群索取帮助和信息的重要性，以及要坚决避免误听他人的错误意见、谣言、闲话和低劣判断。对于这个练习本身，避免你的梦想被那些所谓的"高人"指点非常重要。你知道这类人是什么样的：他们只会动嘴皮子。比如说善妒的同事，对自己的决定感到后悔、愤恨或是恐惧的朋友以及自以为无所不知的亲戚（一帮令拿破仑·希尔感到非常愤怒的人）。保持沉默吧——沉默蕴含着巨大的能量。

然后，在每一次获得小小收获的时候，自信地表达感激。（就这样？是的，就这样。这么简单的步骤怎么能奏效呢？因为这个练习会促使我们去做那些我们以为自己总在做但其实很少尝试的事情：那就是诚实地接受我们内心最深处的欲望。）

绝大多数人在生命的长河中消极地认为自己想要一座新房子、一个真爱、一份更好的工作等。但这些我们不断重复的欲望仅能反映出我们希望自己在他人眼中看起来不错的样子，或者是我们的父母或同伴告诉我们应该想要的东西，又或者它们仅仅是过眼云烟般的想法。换个层面来说，我们这一刻想要冰激凌，直到下一秒可能是别的什么东西吸引了我们的注意力。所有这些都会模糊我们内心最深处、最真诚的渴望。再问你自己一遍：你真的有坐下来，保持沉稳和持久的态度，摆脱所有惯性和压抑，用最大的诚意去探寻自己真正想从人生中获得什么吗？

除非我们知道目的地，否则就无法利用第一章提及的任何精神力量。当我们知道目的地在何处时，会发现身后有很多从未发现的资源。我保证三步奇迹法会带给你惊喜的结果。

论现实主义

我说过这本书是为实践型梦想家服务的——我确实是这么想的，我相信真实的欲望是现实的。现实主义是真实的标志。如果你是一个成熟稳重的人，想要某种东西，但凡那样东西不是独角兽，而是你内心真正渴望的一个有效对象，通常成功的机会就不会太渺茫。

但你怎么知道你是否在为一个真正的、现实的欲望在努力呢？如何确保你拥有达成这个目标的能力，或者说如何确保它是某种可以通过工作、学习和训练去达成的目标？这里有关于我个人的一个案例。2005 年 6 月，我重启的写作事业正处于起步阶段，这时我收到了一个关键的邀请。奥巴迪亚·哈里斯（Obadiah Harris）是洛杉矶的一个哲学研究协会的主管——这个协会由资深学者曼利 · P. 哈尔（Manly P. Hall）创建，致力于研究神话和宗教，他邀请我给协会做个演讲，如果我刚好在那“附近”的话。虽然我当时的生活和工作都在纽约市，且并无计划到洛杉矶一趟，但我立即用邮件回复他并告诉他，没问题，9 月会到那儿去。我当时觉得，正好，那是一个重要的机会，绝对值得我自掏腰包支付来回机票和住宿费（当时演讲的报酬只够抵销这些费用的零头）。

有些时候，特别是（并不仅仅是）在你的职业生涯早期，倒贴钱或者免费做一些事情是值得的。我当时知道跟那个著名的研究中心接触可以使我作为一个演讲者并开启我的职业生涯，也会为后续在众人面前发表我的观点打下基础。如果你想成为一名作家、艺术家、政治家或是任何一种公众人物，接触受众就变得非常重要。一方面，当你站在大众前演讲时不仅仅能够验证自己的观点是否有说服力；另一方面，当你准备充分（如果你准备不充分的话，永远不要站到观众面前），就会发掘话题之间新的联结和视角。正式表达你的想法可以帮助自己延伸出更多的想法，仿佛它们是从以太中生长出来的那样（以太是古希腊哲学家亚里士多德所设想的一种物质，为五元素之一）。作为一个出版人，当我收到一些此前从未被呈现给任何受众的策划时，不管它多小，我都会变得警觉。要让你的想法变得有价值、稳固和精致，只能通过公共传播。

那次我做了一个名为《美国隐秘哲学》的演讲——隐秘这个词并不指邪恶，而是指我大范围引用的文艺复兴时期出现的希腊、罗马和埃及的精神理念。翻译家和宗教学者们把它们叫作 occulta，这是一个拉丁语词，意指秘密。接下来的一段时间里，这些理念的倡导者们逃到新世界躲避宗教迫害，并且帮助美国殖民区域为宗教自由文化打下了基础。我的演讲很成功，我回到纽约的家里后，打算把演讲的录音誊写成文稿，并以此为基础去修订和拓展这个话题，最终把它写成一篇野心勃勃的论文。在我开始这个项目的时候，我的妻子告诉我："这不仅仅是一篇论文或者文章，这是你的一本书。"我认为她的想法相当正确。从那时起我开始为我的第一本书做实质性的策划（最终有 100 页），书名叫作《隐秘美国》（*Occult America*）。

我有一个能力不错的文稿代理人，她帮助我进一步修订策划，接着帮我把它发给了商业出版社。随之而来的是每一位作家、艺术家和企业家都遭遇过的情况：毫无回应。这下好了，我天生就是个容易发愁的人，它成了一个负担——但也成了后来我自我发展的动力。又一周的毫无回应（非常短的时间）让我以为可能根本没有人愿意出版我的书。因此，我走出了秘密但坚决的一步。一个周六的早晨，起床后，我将我的策划打印出来（每一章节都做好了标记）、将它打孔并装订进了一个蓝色活页笔记本里。我告诉自己，这是自己正在酝酿的书，我要把它写出来，一页又一页，不管有没有人愿意出版。那一刻，我就知道我一定能完成那本书。

几天后，一个大出版商——矮脚鸡出版社联系我，并买走了那本书的版权。那本书获得了演员狄巴克·乔布拉（Deepak Chopra）、纪录片制片人肯·伯恩斯（Ken Burns）、历史学家约翰·S.D. 艾森豪威尔（John S.D. Eisenhower，艾森豪威尔总统的儿子）以及其他人的推荐。我开始在 CBS 的《星期天早晨》（*Sunday Morning*）、NBC 的《日界线》（*Dateline NBC*）和 NPR 的《面面俱到》（*All Things Considered*）等节目中谈论这本书。这本书获得了来自《华盛顿邮报》（*The Washington Post*）、《波士顿环球报》（*The Boston Globe*）和《郝芬顿邮报》（*The Huffington Post*）等媒体的积极反馈。但更重要的是，在那个早晨，我决定自己无论如何都要写出那本书。

如果你对一件事情感受不到这种决心，很有可能是这件事不对劲。它可能不是一个真正的欲望，而是一个白日梦——某种你幻想拥有或谈论的事物，但你并没有充分的动机、能力和准备去完成它。我有一位朋友曾评论说，她受够了那些在当代艺术博物馆参观的人们站在一幅抽象主义或极简主义绘画作品面前轻蔑地说：“我也可以画啊！”她的反应是：“不，你才画不出来呢——其实更重要的是，你根本不会动手。”换句话说，说出那些话的人永远都不会发现他画不出来的真正原因在于他永远都不会拿起画笔、支起画布、蘸上颜料并动手尝试。他不会的，甚至从来都不想这么做。你可永远别成为那样的人，也别在那种人身边转悠，别向他们坦露你的梦想（记住三步奇迹法里的第三步）。

一个真实的欲望是一个可达成的欲望。你必须问你自己：我拥有这样的技能吗？或者我准备好去牺牲点什么、采取什么措施来掌握这些技能吗？当我写下这些文字的时候，我已经是个 50 岁的人了，虽然身体健康，但永远比不上运动员。我并不想加入 NBA，也不会加入太空计划。那些只能是幻想——而不是目标。

你在写小说吗？那很好，但你最好准备一直写下去，即便你找不到出版商。如果你只等着一位出版商出现后再开始投入到你的计划里，你永远都无法做好准备。我崇拜的一位出版人有一个观察："这并不是一个读者的国度，而是一个作者的国度。"有时候，似乎是真的，写书的人比读书的人多。不管你是一个崭露头角的小说家、编剧、画家还是任何人，你必须做好准备并且受训——在还没有获得认可、接受或者企业媒体的报酬的情况下去完善自己的技能。

这对很多事情都成立：如果你不愿意现在就开始推动它发展、为它扼杀所有障碍和擦干所有眼泪（确实有的是苦处），它可能不是一个现实的、真诚的欲望。

所以你怎样才能知道你的欲望是否能实现呢？正如前面

提到的：开始行动的意愿和能力、勇往直前的勇气都非常重要。你的年龄、受过的训练和过往的教育以及客观环境、财务状况，还有时间，这些都不是障碍，而是严肃的代价。有时候惊喜会发生：加勒比海国家牙买加在 1988 年真的组织了一支奥林匹克雪橇运动队，正如《冰上轻弛》（*Cool Runnings*）电影中描述的那样。有些著名的演员直到中年才拿到让他们成名的关键角色。比如受过专业训练的演员乔纳森·弗雷德（Jonathan Frid）在 42 岁的时候打算离开舞台去当一个戏剧教练，就在那个时候他拿到了电视版《黑影》（*Dark Shadows*）中的一个标志性吸血鬼角色——巴纳巴斯·柯林斯（Barnabas Collins）。你可能知道演员阿兰·阿勃丝（Alan Arbus）——那位在热门情景喜剧《陆军野战医院》（*MASH*）中饰演心理医生西德尼·弗里德曼（Sidney Freedman）的演员，他在 55 岁的时候才拿到这个角色，那时他已经做了大半辈子的摄影师了。所以，我不是建议你在所有障碍面前都退缩，但是你要对自己所在的位置保持清醒的认识，同时，让你的意志穿梭于时好时坏的时光，并持续推动你的目标。

我们将会在第五章探讨“智慧坚持”的准则——永不放弃的态度。这里面有无穷无尽的力量和效果。但是要做到智慧坚持，首先必须要有一个真正的、聚焦的、能够投入的目标。

让我再针对目标和现实主义多说一句。我有一些有着相同理念的朋友和同事认为我过于聚焦外部事物。他们问，比起向低级自我的幌子和虚幻的目标屈服，超脱不才是正确的路径吗？不是说真正的感知来自内在吗？不是说会有更高层的自我和存在指引我们活着吗？

我的信念是“人生的本质在于生命力”。我相信人类，或者说人类为了幸福必须全盘调动他们的潜能。探寻者总是太过依赖诸如“自我”或“本质”这种说法，这些都是我们用来讨论的一些标签，我们对它们仅仅只有模糊的认知。

内在探索和寻求意义都非常重要，也都非常神秘。我相信对于成就和道德追求比一般人所理解的还要更有深度的人，更能从我们的内在本质中召唤出更多潜能来。

不要畏惧你的目标，也不要用消极的态度对它们大卸八块。找到它们并对其采取行动。有道德地、有生命力地活着，是你对自身存在的本质的最高尊重。

“我也能办到”

寻找你的明确首要目标时，我希望你留心那些见证他人达成非凡成就的瞬间，并且发自内心地鼓励自己："我也能办到。"很多艺术家、公共演讲者、作家还有其他领域的佼佼者在自己的人生中都有过这种关键时刻，那就是当他们看到他人布道、表演或是以某种艺术或娱乐的形态表达自我的时刻，他们认真且笃定地告诉自己："我也能办到。"

汤米·L. 奥斯本（Tommy L. Osborn）是 20 世纪五旬节教派中最受欢迎、周游最广的牧师之一。在 23 岁时，他经历了这样一个时刻。1946 年，在俄克拉荷马州出生的奥斯本从印度回来，他在印度度过了令人失望的一年，他的布道工作进行得并不顺利。饱受舟车劳顿和抑郁的困扰，奥斯本接下了俄勒冈州北部的一个小教堂牧师的职位，但他对是否继续自己的牧师生涯产生了怀疑。在 1947 年的一个夜晚，著名的传教士威廉·伯兰罕（William Branham）在波特兰组织了一场布道，受妻子驱使，奥斯本坐到了观众席上。伯兰罕在教徒们面前用极具说服力和感染力的语调演讲，奥斯本被他的力量和风格击中了。

"当我见证这一切时，"奥斯本写道，"仿佛有 1000 个声音同时在我耳边响起，它们一遍又一遍地说，'你也能办到。'"

第二年的春天，奥斯本开启了他独立的布道生涯并成为了 20 世纪最活跃的传教士之一。他经常在野外或是体育馆组织帐篷布道会，并且他周游世界，主持了20世纪里最大的几场传教活动。虽然他的光芒闪耀，甚至偶尔会带来争议，但奥斯本并不仅仅是个作秀的人。用历史学家大卫·埃德温·哈勒尔（David Edwin Harrell，Jr.）的话来说，他的布道有足够的“道德严肃性”。在23岁的时候，奥斯本还对自己的布道生涯感到沮丧和怀疑——直到有一天晚上他看到了最适合自己的布道风格。

如果要再找一个跟奥斯本大相径庭的人物案例，摇滚歌手兼唱作人帕蒂·史密斯（Patti Smith）应该再合适不过了。这位朋克先锋有过相似被唤醒的瞬间。1968年，21岁的史密斯在曼哈顿的一家书店工作。一天晚上她和朋友们去纽约市下东区的菲尔莫东俱乐部看摇滚乐队大门（The Doors）的演出。她以为那晚和平常外出没什么两样，却没想到在这一晚，她顿悟到自己可以成为一名艺术家。她在自己的回忆录里写道：

当我看着吉姆·莫里森（Jim Morrison，大门乐队主唱）的时候，有一种奇怪的反应。我身边的人似乎都静止了，而自己进入了一种超意识状态，可以观察到他的每一个动作。比起那晚的演唱会，那种感觉

> 更令我记忆深刻。看着吉姆·莫里森，我觉得我也能做到。我不知道为什么我会那样想，这与我之前的经历毫不相关，完全没理由让我有那种感觉，但那一刻我竟然产生了那般狂妄的反应。

史密斯很快成为了一名小有名气的诗人、剧作家、记者兼表演艺术家。表演艺术家这个角色引领她成为了20世纪70年代中期鼓舞人心的原创摇滚歌手和唱作人，后来她还入选了摇滚名人堂。

畅销小说家丹·布朗（Dan Brown）也描述过自己的“我也能办到”时刻。那时布朗还是一名英语教师，正尝试塑造自己的写作风格，他剖析了小说家罗伯特·鲁德鲁姆（Robert Ludlum）和西德尼·谢尔顿（Sidney Sheldon）的惊悚小说。1994年在塔希提岛度假时，他在码头发现了一本别人落下的、卷了毛边的谢尔顿的书。

“它有着非常多的转折和反转，”布朗回忆起来，“我想，哇，这太令人兴奋了。或许我也可以写出那样的故事！”布朗描述他在读一本罗伯特的小说时也有类似的感觉，觉得自己也可以写出一本这样的书。在分析了这些畅销小说家的作品框架后，他发现自己可以借鉴他们的写法。“真正帮助到我的，”他说，“是我发现我的小说核心中，有两股非凡的力量在对抗，而书中的英雄，非常理想化地落入这冲突之中。”

我自己的“我也能办到”发生在 2005 年的 2 月：我在《心智科学》杂志发表了一篇关于内维尔·戈达德（Neville Goddard）的文章。在此之前我曾在《心智科学》杂志采访投手巴里·齐托，他很肯定地说：“你一定非常喜欢内维尔。”（这个人用自己的名而非姓署名作品）可是我从未听说过内维尔，巴里表示这难以置信。采访结束后，我马上就买了一本内维尔的书，名叫《复活》（*Resurrection*），并且很快就读入迷了。作为积极心智流派最激进和雄辩的学者之一，内维尔宣称人类的想象都关乎神，而我们思考和感受到的一切都通过想象，具象到了创作上。

我开始研究内维尔，他成长在巴巴多斯的一个圣公会家庭里。从他的背景里找寻答案的过程中，我遇到了更多问题，不过最终还是拼凑出了这位谜一般的人物的生平。我的文章《找寻内维尔·戈达德》广受读者欢迎，后来还作为内维尔的一本作品选集里的序被重印。这让我确信在一个小范围内的尝试成功可以在一个更广的层面上被复制。那篇文章的发表也激励了我写出自己的第一本书——《隐秘美国》（再次感谢齐托家族）。那篇文章的发表就是我的“我也能办到”时刻。

那么你的“我也能办到”时刻在哪里呢？别轻易放过这个问题，也别草率地回答这个问题。所有成就都是理想化和实际行动共同的结果。只“想要”是远远不够的，还需要无懈可击的种种行动。当你内心深处意识到这个旅程可以开始，那就对自己说“我也能办到”——有时候是必须开始了，请仔细观察这个时刻。

行动步骤
如何阅读一本励志书籍

阅读高品质的励志文学类书籍对于找到你的明确首要目标来说不可或缺。如果你正在阅读这本书，那说明你对此早已心中有数。

我认为自我激励是一个高尚的追求。发自内心的自我激励要求个人追求卓越，你需要克服瘾症或陋习，并且不断努力让自己身边的人过得更好。发挥励志精神的佼佼者们包括治疗师和大屠杀幸存者维克多·弗兰克尔、匿名戒酒互助协会的创立者比尔·威尔森、特意使自己的论文写得具有实践哲学韵味的超验主义哲学家拉尔夫·瓦尔多·爱默生，还有在“励志”一词尚未出现时已被认定为具有此类精神的作家本杰明·富兰克林，他有不少广受欢迎的说辞引导着人们积极向上（比方说“早睡早起……”）。

我个人阅读并推荐的绝大多数励志书籍都可被视为“怀旧金曲”，有一些非常经典，比如说《积极思考的力量》（*The Power of Positive Thinking*）和《心理控制方法》（*Psycho-Cybernetics*）包含了代表励志领域的大部分智慧。

一位朋友的请求使我想要提供一些帮助人们从经典励志书籍中收获更多的指导。这位交往多年的老朋友在一座大城市当检察官，他请求我帮助他拓宽并扩大他的工作视野。作为一名有原则的执法人员，我的朋友并不满足于“将坏人绳之以法”（这些人一般都很贫穷，无法负担高质量的法律诉讼），他还想要解决我们法律系统下的不公正待遇。

我强烈建议他阅读大卫·J. 施瓦兹（David J. Schwartz）于 1959 年出版的那本经典著作《大思想

的神奇》（*The Magic of Thinking Big*），我觉得他可以从施瓦兹拓展个体可能性的论述中受益。但我的朋友很少考虑新思潮或是励志文学，他不把它们当回事，因此我给了他一些指示，防止他迷失其中。以下4个原则可以帮助任何人从励志文学中获得最大好处，无论是刚刚接触这类书籍的人还是老读者。

不要被陈腐的语言分心。这类经典著作中有不少涉及性别偏见和明显过时的说法。大多数新思潮和精神疗法的先锋在他们那个年代算得上是视野开阔的人，有一些甚至是有远见的社会革命家。然而，这些作者也可能会用一些早已过时的语言和受时代所局限的思想进行推论。你可能会时不时地受到一些陈腐的言论困扰。你应该把注意力放在更具普世意义的信息而不是过往的陈腐态度上。

永远别认为“我懂了”。当读一些比较经典的励志书籍时，你可能会发现一些观点和想法看似非常熟悉，或者会让你有一种“我早就知道”的反应。如果你遇到了金科玉律或是积极思维相关的格言，先别着急翻白眼并匆忙略过。相反，把它当作一个重温伟大且有力的真理的机会，可能我们早已把这些道理视作理所当然。你会发现，金科玉律总有多重含义。我们人生中的重大错误通常都跟轻视熟悉的事物有关。

做练习。人们总是忍不住会把书中的练习“留待日后完成”，这通常意味着永远都不会去做了。即使你之前已经尝试过类似的练习（如列出目标列表），或者说有些技巧练习看上去非常麻烦（如每天的冥想练习），对待练习的原则是：一定要做。如果你真的想从一些自我提升的项目中有所收获，你必须投入到细节中。可能人生会有一些捷径——但这些捷径绝不包括跳过练习。

自我激励的秘密。每个自我激励项目中都有一个共通的“秘密法则”，没有这条法则，任何事情都将变得不可能。那就是“认真投入这个项目，就好像它关乎你的性命那样”。我是认真的，如果你按照这个原则去做，会有效果的，几乎任何项目都会因你的决心而奏效。选择你的书或是项目，然后破釜沉舟，将你自己投入进去，辅之以激情和执着。人生不会给折中的努力回报。有一句阿拉伯谚语是这么说的，“面包闻起来有多香取决于你有多饿。”饥渴地做自我提升吧，激情会助你一臂之力。

我那位想要拓展执法工作的朋友后来怎么样了？他很快就得到了一个州级别的工作，调查警察对无武装平民的致命枪击。他追求公正、原则和正义的决心以及投入使得他走到了一个有着更高责任的职位。

服装心理学

你能做好准备让自己意识到人生的目标吗？这里有一个简单的技巧能帮助到你。当你在寻找自己的人生目标时，你的着装和自我表现的方式所带来的日常状态，实际上会产生不同的影响。

我第一次参加在纽约市的一个媒体热点会议（好莱坞人士这么说）时，我担心自己的穿着会不够得体。但是当我到那里的时候，我发现所有的男人都穿得像15岁的男孩，我可以很好地融入其中。我穿的是帽衫、牛仔裤、运动鞋和T恤。

不过我并不是刻意去装扮，只是想让自己看起来舒服些。这说明了一个关于服装心理学的重要事实。

宗教伦理教导我们改变始于内心，我们不应该过分关注外表。但这并不意味着内心世界是唯一可以体现“我们是谁”的地方：内在和外在之间有微妙的相互作用。如果你想有个健康自信的良好开端，你的外表将会非常重要。

过去的几代人被告知要“穿出成功”，这通常意味着男人要穿西装和擦得锃亮的鞋子，女人要穿职业套裙或套装。如今，想要获得成功，着装的秘诀就是：无论身在何处，穿上一套让你感觉镇定自若，就像在家一样自在的“制服”。这并不意味着穿着人字拖去参加葬礼，或者穿着印有“我喝杯啤酒休整下”字样的 T 恤去面试，但它的确意味着你要抓住机会做你自己。

拿破仑·希尔在 1928 年出版的《成功法则》一书中强调了这一点：光鲜的外表会吸引人们的注意，无一例外。而且，光鲜的外表会产生“好感”，因为在每个人心中都有一个主宰的欲望，那就是希望自己成功。

我来更新一下希尔的说法，用“独立”一词代替“光鲜”。今时今日的主宰欲望是自主、独立和成功的。

你还记得史蒂夫·乔布斯（Steve Jobs）选择什么作为苹

果的口号吗？没错，就是“不同凡想”（Think Different）。乔布斯每天都穿着考究的制服：黑色高领毛衣、牛仔裤和新百伦运动鞋。他的这套制服传达着：我自己制定规则，我不从众。乔布斯并不是偶然想到这么穿的。20 世纪 80 年代初乔布斯访问日本时，他对日本工厂的工人都穿着同样整洁的制服印象深刻。之后他请了一位世界级的日本设计师为他设计了一套制服。这套制服就是 100 件相同的黑色高领毛衣。他穿着它们不仅感到自在，能表达态度，而且免去了每天挑选一套新搭配这种浪费时间的做法。

在我最喜欢的一集《辛普森一家》（*The Simpsons*）中，一个老师告诉年轻的丽莎·辛普森：“坚强来自内心——第一步，改变你的外表。”当然，这是个笑话，但就像大多数笑话一样，它隐藏了真相：外在强化了你的内在。花点时间想想自己的穿着是否舒适、放松，以及这样的穿着会给别人留下怎样的印象。

这并不意味着要花大价钱买新衣服。你可以仔细挑选几件你经常穿的衣服——欧洲人在这方面很在行。我的朋友简·哈米尔（Jane Hamill）是一位成功的服装设计师，几年前她曾到巴黎时装学校求学。她注意到她的一位老师每天都穿着同样的香奈儿裙子，不过简并不认为这是古怪或不恰当的。相反，她认为这是一种对高雅品味的实用表达。这位老师宁愿每天反复穿同样的完美裙子，也绝不愿穿粗制滥造的裙子。这位老师教导她的学生：穿一件漂亮的衣服比穿 10 件一般般的衣服要好得多。在罗马，一些出租车司机（最好的）穿着定制的西装，戴着有型的太阳镜，他们总是看起来无可挑剔，即使他们可能只拥有几套这样的衣服。

每天穿自己的制服还有很多好处。一位摇滚评论家曾经说过，他每天都穿着黑色西装和黑色 T 恤——它在任何外出、宴会或会议场合都很适用。奥巴马说，在他担任总统期间，他把自己的着装限制在蓝色或灰色西装里，这样就像史蒂夫·乔布斯一样，他从来不用浪费时间来决定穿什么。他谈到自己的着装时说：“因为我需要集中精力用来做决定，所以需要自律，不能因为每天都为挑选衣服这些琐事而浪费精力。”穿着连帽衫的互联网巨头马克·扎克伯格也有类似的看法。

重点不是虚荣或过分地关注你的外表。你的目标只是让自己感觉最好。当你找到合适的着装时，你会更放松、更有魅力、更有风度。当你感到舒适时，你的行动和思考会更加敏捷，你也会更好地朝着你的明确首要目标前进。

你的安身立命之处

在某些情况下，你可能已经无意识地为你的明确首要目标而行动了。我的朋友克里斯蒂娜·莱因沃尔德（Christina Reinwald）在纽约市的布鲁克林开了一家深受儿童喜爱的理发沙龙，名叫摇滚锁头（Rockin' Locks）。（好吧，坦白说：我的头发也是她剪的——我是世界上最大的孩子。）克里斯蒂娜是一位杰出的造型师，她有着严肃的摇滚美学，对每一位客户最适合什么发型都胸有成竹。更重要的是，她很擅长和孩子们打交道，包括我的两个儿子。虽然孩子们在剪头发时通常会局促不安，甚至会哭（很小的时候），但克里斯蒂娜是一个孩子们尊敬并盼望见到的人。她有一种不可思议的本领，能和孩子们谈论他们真正感兴趣的话题，所以在她那儿你几乎看不到有哪个孩子在剪头发时躁动不安。

尽管克里斯蒂娜一直致力于她的造型师工作和事业，但有一段时间，她在理发和求学之间取得了平衡，她想成为一名特殊教育教师，人们很容易就能发现她被这份工作所吸引。但经过一番探索，回答了一个非常重要的问题之后，克里斯蒂娜发现她早已走上了实现目标的路。看看她怎么说：

我已经在一个儿童理发沙龙工作了几年，并决定去学校（总算是去了）成为一名幼儿和特殊教育领域的老师。我每周在沙龙工作5天，在布鲁克林学院学习两天。我还被要求去实习，比如说走进教室获取“教师”经验。当我在多所学校实习、在沙龙工作、去上课，除此之外，还要去客户家里做兼职，我不断地问自己，我是否真的想成为一名教师。在我实习的时候，我开始在心里列清单：一栏是“否”的条目，一栏是“是”的条目。我发现我在“否”栏上选中的标记比“是”栏上的多。这又一次让我质疑自己是否真的想成为一名教师。

然后，我开始问我的客户——那些父母们，他们是什么时候知道自己真正想做什么的。我的一位客户，也只有这位客户，问我：什么能使你快乐？就在那时，我知道我已经在做我该做的事了！我非常喜欢给孩子们理发。我早就在做自己了！

时至今日，我有了自己的生意，一家儿童理发沙龙。我每天都做着自己喜欢的工作，在那所学校学习好像是几百年前的事了！

“什么能使你快乐？”这是一个严肃而关键的问题，因为它并没有引导克里斯蒂娜找到某个远处的独角兽，而是引向了她之前已经拥有的事业。我们都问自己什么能让我们快乐，但这可能是一个无聊的问题。然而，当你以非常严肃的态度提出这个问题时，再结合你的资质和所接受的训练（或你能获得的训练），这个问题就会变得更加尖锐。无论你身处人生的哪个阶段，你都有可能已经投入了很多。这是很有可能的，以你目前的技能（在克里斯蒂娜的例子中，她拥有了自己的沙龙），也许再经过一些调整，就会让你走上正确的道路。

所以，当你寻找你的DCA时，记得考虑所有的选择，其中就包括你现在可能已经在做的正确事情。

行动步骤
你的奇迹周

我坚信，用全身心的热情迈出的每一小步都可以成就伟大的事业。在这种情况下，我想向你发起挑战，希望你在整整一周的时间里，无论是在心智、身体还是精神上，请认真去追求生命中最崇高的事物。

不一定是最昂贵的东西，要是那样你就会错意了，而是寻求享受文学、艺术、音乐和哲学这些已经被证明值得传诵和拥有价值的事物。当你以这种方式改变你的“饮食”时，可能会让你的生活发生改变，或者触发你的灵感，这对发现和实现你的明确首要目标大有助益。

这个练习来自威廉·H.丹福思（William H. Danforth）在1931年写的一部被忽视的励志巨著《看你敢不敢》（*I Dare You*），他同时也是普瑞纳公司（Ralston Purina）的创始人。他写道：

要敢于生活在最美好的事物面前。试着用一周的时间过一种有意义的生活，让自己置身于世界上最美好的事物之中。读一首优秀的诗，读一位杰出人物的传记，研究一幅早期绘画大师的杰作，听古典音乐或交响乐，看一出振奋人心的戏剧或电影，听一位激昂的演讲者讲话，见一位鼓舞人心的人，观赏日出和日落。努力把不值得的思想、不值得的行为、不值得的交往从你的生活中排挤出去。看看在整整一周的时间里，你只让生活中充满最好的东西，将会发生什么吧！记住是最好的文学作品、最好的艺术作品、最好的自然景观。

以下是我对你们如何度过“奇迹周”的建议：

- 阅读一位梦想家的传记。我推荐沃尔特·艾萨克森的《乔布斯传》（*Steve Jobs*）。
- 参加一个让你能够全身心投入的课程或研讨会，如武术、瑜伽或雕塑。
- 尽可能多地去一些地方。选择一条不同的路线去上班、回家，去朋友家也一样。
- 从不同于自己的视角来解读政治。读一本与你的观点背道而驰的作者的书，比如自由主义资本家安·兰德（Ayn Rand）和民主社会主义者迈克尔·哈林顿（Michael Harrington）。
- 聆听普罗科菲耶夫第一钢琴协奏曲。听贝多芬的第九交响曲。
- 聆听现代古典音乐，比如约翰·亚当斯的歌剧《尼克松在中国》（*Nixon in China*）。
- 看一些阐述形态各异的坚韧精神的电影，比如《生活多美好》（*It's a Wonderful Life*）、《至暴之年》

（*A Most Violent Year*）和《冰上奇迹》（*Miracle*）。

- 阅读拉尔夫·沃尔多·爱默生（Ralph Waldo Emerson）的文章《自力更生》（*Self-Reliance*）、《补偿》（*Compensation*）和《精神法则》（*Spiritual Laws*）。

- 花一天的时间独自游览一个新的城市，去博物馆、图书馆以及当地的历史或文化景点。如果你不能抽出一天来，利用午餐时间去参观附近的历史遗迹或博物馆。

- 动手去做：种点什么或是去做点手工，比如修复一件老古董。

- 如果你看电视，就看一些高质量的电视剧，如《故地重游》（*Brideshead Revisited*）、《大游行》（*Parade's End*）或《英雄秀》（*Show Me a Hero*）。

- 开始读一部伟大的小说，比如乔治·奥威尔的《1984》、简·奥斯汀的《傲慢与偏见》（*Pride and Prejudice*），甚至是布拉姆·斯托克的《德古拉》（*Dracula*）。

“但我没有目标啊”

我经常听到有人坚持说他们只是没有目标。“我寻找过，”有人曾写信给我这么说道，“但我没有目标。”

说实在的，我不信。

我向来信的人提出了具体的建议。“试试三步奇迹法吧，”我说，“然后回信告诉我进展如何，我们一起找到你的目标。”“太棒了！”他再次来信时是这么说的。后来我就再也没有听到别的抱怨了。

人们有时候除了生活的保障和片刻欢娱之外，什么也不想要，当连这些都得不到的时候，他们便开始寻找更多的东西，当一场新的比赛门票寄来或某天晚上受到外出喝酒的召唤时，或者旧情人重新回到他们的生活中，只有诸如此类的场景发生时，他们才可能想起来要改变自己。他们接受挑战，但若有朝一日有其他新鲜事物吸引了他们的注意力，他们又会放弃挑战。

我有个好朋友是冥想老师。他告诉我，有时有人向他抱怨说，他们很想学禅修，但付不起学费。他提出只要这些人写信告诉他说明自己为什么想要学习禅修，他就可以免费教他们。他告诉我，“只有不到十分之一的人给我写过信，这就是典型的人性。”

人们常说，要不是有这样那样的阻碍的话，他们“会写作”“会冥想”“会得绩效‘A’”。这往往是我们对自己耍的一个小花招。大多数时候，我们做的正是我们想要做的。坦率地说，这通常就是指无所事事，要么是赚着最低限度能养家糊口的收入，要么是在下班后自娱自乐。这才不是什么有意义的活法。这种活法会让人健康不良、陷入抑郁和空虚；它还会促使人们冒险去填补生活中的虚无。

如果你发现这本书的练习对你毫无用处，我请你考虑一下你是否真的想要找到一个目标。或者，坦白地说，社交媒体、又一瓶啤酒、一袋薯片、空想的运动，尽管列举出你的“麻醉剂”，它们大概就是你想从生活中得到的所有东西了。我不会批判这些东西，我喜欢在晚上喝杯啤酒，看一集《星际迷航》（*Star Trek*）来放松一下。我们都需要放松，放松是生活中健康的部分。但是，如果你的生活被限制在朝九晚五的工作时间里，只有几个小时用来逃避现实，那么惰性就会压倒你。我相信人类有与生俱来的使命，否则就是在违背作为人类最深层的本性。不然的话，桥梁就永远不会被建成，海洋就永远不会被跨越，治疗方法、疫苗和药物就永远不会被发明。

人们之所以保持惰性，往往是因为比起渴望成功，他们更害怕被批评或羞辱。有些人对可能失败或遭受羞辱（或者任何他们认为丢脸的事）感到异常恐惧，于是他们觉得什么都不做更安全。他们有时没有意识到这是一种消极的力量。我大学时就有一个这样的朋友——他徘徊在艺术、音乐和电影现场的边缘，总是很酷，总好奇转场派对在哪里，但他从未亲自踏足过那些领域。他从未尝试过用任何一种方式创作，即使他就身在其中。他是如此执着于维护自己“圈内人”的形象，以至于他害怕自己走出一步就可能会摔倒。

“在这种情况下，对批评的恐惧要比对成功的渴望更强烈。”拿破仑·希尔写道。

如果你害怕被批评或自我暴露，我可以用过来人的经验告诉你，让恐惧促使你做好准备远比按兵不动要好得多。没有什么比旁观者的生活更可悲了。恐惧可以是一种激励的形式，驱使你通宵学习，或是重新制定你的商业计划，又或是重新测算你的金融产品。

2014 年上映的电影《至暴之年》（*A Most Violent Year*）中，演员奥斯卡·艾萨克（Oscar Isaacs）精彩地饰演了一个名叫阿贝尔·莫拉莱斯（Abel Morales）的纽约商人。在经受着自己的卡车被劫持和其他种种骚扰的折磨时，阿贝尔仍努力地想要把自己的燃油公司经营得又道德又成功。有人问他："你就不害怕吗？"阿贝尔回答说："比起别的东西，我更害怕失败。"在另一幕场景中，一个朋友问阿贝尔在执着的野心背后藏着什么："你为什么这么想要它呢？"阿贝尔认真地回答："我不明白你的意思。"对他来说，成就就是生命。去看这部电影吧，去研究人物性格里的决心，从这些方面中学习。

我上的是长岛艺术高中。我的戏剧老师是伯特·迈克尔斯（Bert Michaels），他是一名凭着自身实力有所成就的演员，他常说，当你在排练试镜要唱的歌曲或是要念的独白时，"你必须一遍又一遍地重复，直到你再排练一遍好像就要死掉的时候，再多做一次。"决心和恐惧可以极其相似，但仅当它们都被用于达成目标时，你想怎么害怕就怎么害怕，不要抗拒它。但是要让恐惧以准备、磨炼和决心的形式为你打造盔甲。只有这样做,你不仅会觉得自己已经准备好去面对即将到来的测试，而且会感受到一种新的自尊。你会有目标明确的感觉，这不是幻想，而是活生生的事实。

小说家兼哲学家安·兰德（Ayn Rand）在 20 世纪 20 年代从苏联移民到好莱坞后，作为一名年轻的编剧，她努力奋斗，常常吃不上饭。她通过在日记本中写笔记来约束自己：

从现在开始，不考虑自己，只考虑你的工作，你不存在，你只是一个写作引擎。这听起来是不是很极端？其实并不。这是一种跨越障碍的决心。

人类不可能很快摆脱恐惧、不安全感或自我怀疑。这些都是天生的特质。相反，你应该让你的恐惧或不安激励你做好准备，而不是逃跑或逃避。天普大学的校训是：毅力战胜一切。我从未见过一个坚持不懈地努力工作的商人、艺术家或运动员永远失败下去，从来没有。他们的计划执行起来可能与他们预见的结果不一样，他们可能不得不在生活中做出重大调整，但他们获得了满足感和成就感。

拿来就用

- 不要让别人为你设定优先级。无论你喜欢做什么，不管是在办公室、演播室还是舞台上，这都是你的真实想法。不存在什么工作“太努力”这种事情。
- 你在生活中的创伤和困难可以合理地激发你实现目标的动力。让你的挣扎推动你前进。
- 写下几周内你感兴趣的所有事情。你会注意到关键的规律。
- 即使你认为你已经知道了你的目标，也要做三步奇迹法练习，再全力以赴地去做。
- 永远不要低估你写下目标的力量。
- 这些练习不是让你追逐独角兽。你必须使你的才能与你的目标相匹配。你必须了解需要什么样的训练能帮助自己达成目标。
- 不要因为不必要的思考而偏离你的目标。生命的意义来自成为一个富有生命力、有用的、有道德目标的人。
- 当你看到某人做某事达到巅峰时，你会在心里说对自己说：“我也能办到。”
- 利用优秀的励志文学，永远不要为做一个自我激励狂魔而感到羞愧——自我激励是高尚的。
- 你的外表会影响你的心理和自信。不要为了成功而穿着，而要为了舒适和一种镇定自若的感觉而穿着，它很重要。

- 考虑一下你现在有没有可能正在做自己喜欢做的事情。永远不要忽视你当前的成就，你可能正处在自己的安身立命之所。
- 用一个“奇迹周”去探索生活中新的可能性。
- 永远不要因为断定自己没有目标而让自己脱身。这等同于屈服于惰性、恐惧和有朝一日的悔意。

03

第三章

这个目标足够好吗

BUT IS IT GOOD?

你可能觉得这是一个可以跳过的章节。但实际上这是这本书中最重要的一章。没人喜欢被告知什么叫作“好”，我就不喜欢。但是，这一章有充分的理由需要你确保自己的明确首要目标，同时还有你的人生正朝着更高的道德、能帮助他人向上的方向前进。事实上，如果你曾感到你的事业、目标，或者其他希望在生活中实现的事情停滞不前，又或者说在制定 DCA 上有困难，你必须思考自己与黄金法则之间的关系。

待人处事的道德准则，我们是如此熟悉，以至于我们把它当作童年时期的教养结果，又或者把它看作一个善意的真理，就像“早睡早起”这种说辞一样，对严肃的人来说没有任何新意。然而，这个黄金法则有一个看不见的维度，它是如此强大，以至于当你意识到它的真正含义时，你将对自己的生活有一个全新的评估。

内在黄金法则

在我开始写这本书之前，我感觉有一个不可名状的东西正在阻碍我的 DCA 进程；它限制了我想象和追求更高可能性的能力，将我困于一种停滞不前的状态。

我在拿破仑·希尔 1928 年的《成功法则》一书中找到了困境的答案。问题的关键就在黄金法则里。从《塔木德》（*The Talmud*）到《福音书》（*The Gospels*）再到《薄伽梵歌》（*The Bhagavad Gita*），“你希望别人如何对待你，你就如何对待别人”这条格言几乎出现在了所有宗教和伦理相关的教条里。这条在 17 世纪晚期的英国被称为“黄金法则”的格言，看似只适合主日学校的孩子们，而不适合努力奋斗的成年人。但是黄金法则包含了一个内在的真理，它能使你的生活发生翻天覆地的变化。

拿破仑·希尔将黄金法则与自我暗示联系起来，又或者说这是我们不断向自己灌输的一些建议。正如我们所见，自我暗示是心智理论家埃米尔·库伊（Emile Coué）定义的工具，它奠定了当今许多“安慰剂”研究的基础，也是“每日格言”背后的原理所在。我们在内心重复关于自己的观念，这些观念根植于我们的潜意识，并有助于我们对自我形象的打造和对周围世界的感知。这是一个深刻的、决定性的事实。

但请注意：我们对他人的看法也会触发自我暗示。

“你对他人的想法是通过自我暗示在你的潜意识中留下痕迹的，”希尔写道，“也正因如此，你其实是在重复构建自己的性格。”因此，“如果你希望别人如何看待你，就必须如何看待别人。黄金法则起作用的原理在你释放一个想法的那一刹那，就开始或好或坏地影响你了。”

希尔的观点值得更全面地考量：

> 如果所有看待他人的行为，甚至是看待他人的想法都通过自我暗示在你的潜意识里留下痕迹，而与此同时你也在不断重复构建自己的性格，难道你还看不出保护这些行为和想法有多么重要吗？
>
> 我们现在已经找到“自己希望别人怎样看待我们，就应该怎样看待别人”的真正原因，答案很明显，我们对别人所做的，也正是对自己所做的。

换句话说，你的每一个行为和产生的每一个想法都会改变你自己的性格，这就需要看行为和想法背后的本质是什么了。你的性格就像是某种磁性中心，吸引着与之相协调的人和环境。如果你没有在自己的脑海中搞清楚一种行为的本质，就不能沉浸其中；你也不能在潜意识还未植入某种想法的用意和本质时，就不停地去想它，毕竟这些行为和想法都将成为你性格的一部分。

掌握了这个简单的原则，你就会明白为什么你不能憎恨或嫉妒别人；你也会明白为什么你不能以同样的方式回击那些对你不公的人；同样地，你也会明白“以德报怨”的真正含义。

当我们沉浸在复仇的幻想中或是不断计较得失，不仅会把自己束缚在过去所做的错事上，后面还可能接着错，就像我早晨刮胡子时做过无数次的数数游戏那样。我们的暴力行为无论是通过思想、言语还是行动，都会在我们的心理和认知中重演；结果就导致我们被那些自己所厌恶或者憎恨的人拉低了水平，无论是在精神上还是其他方面。黄金法则的一个附属品可能是：我们无法原谅什么，我们就会成为什么。

相反，希尔指出，慷慨和宽恕的思想给我们的性格增添了一种特别的坚韧，“这将赋予它生命和力量。”如果你纠结于如何做到宽恕，别担心，我将在本章后面更详细地讨论如何进行宽恕，以及如何接受它所带来的相应好处。总之，我们对自己和他人的想法是一个无形的引擎，它塑造了我们自己的性格和经验。如果你发现自己遇到了阻碍，或者在制定 DCA 时遇到了困难,那么就重新考虑一下自己与黄金法则的关系吧。

道德的正向循环

黄金法则应该直接告诉你 DCA 的本质。为了让你的目标真诚且持久，要形成一个道德的正向循环，使与你交互的每个人都能受益。很少有思想家像拉塞尔·H. 康韦尔（Russell H. Conwell）那样清楚地阐述了这一点。康韦尔属于 19 世纪晚期的励志作家，他认为良好的性格是成功不可或缺的因素。这位牧师兼教育家说，如果没有高尚人格，世俗的成就就不可能带来持久的幸福。

康韦尔从 19 世纪 70 年代开始发表他那著名的励志演讲《钻石英亩》（*Acres of Diamonds*），据说他在去世之前，已经在全国演讲了共 6152 次。他保持着紧凑的演讲频率，这不仅是为了鼓励年轻人在道德上取得成就，也是为了将演讲费用于建立一所致力于教育贫困和工薪阶层学生的大学。那所大学就是现如今坐落在费城的天普大学。

1869 年，康韦尔作为记者游历波斯和北非时，获得了这个演讲（及其标题）的灵感，《钻石英亩》这本书时至今日仍然是一本有效的成功指南。这位前内战军官花了很多时间（并不总是愉快地）听他的阿拉伯向导坚持为旅行者反复讲述的那些民间故事。其中就有一个有趣的寓言故事，讲的是一个富有的波斯农民，挥霍了自己的金钱和健康，满世界地寻找钻石，结果人们就在他曾经弃置的农场里发现了钻石，但在那之前，他已经像个穷光蛋一样死去了。

康韦尔从这个故事中得到的启发：只要你拥有简单和健全的性格去发现它，你就能在自己所处的地方找到成功。虽然《钻石英亩》一书为今天的积极进取者提供了许多经验，但它的基调与后来几代人的励志文学有所不同。康韦尔坚持认为，良好的性格和良好的业务是天生相连的：一个离不开另一个。他教导说，商人的主要目标是找出他周围的人需要什么，然后全身心地去满足那些合理的需要，这就足以让他赚不少钱。

康韦尔认为资本家不应该剥削他的顾客和工人，而是看他能给顾客和工人提供什么收益，然后从对方身上获得相当的利益。“我应该卖出每一件货品，”康韦尔写道，“这样买我货的人能赚到的就跟我一样多。”他的意思不一定是字面上的，而是暗示赚来的钱应该给顾客带来同等的利益或收益。我相信自己作为编辑或作者出版的每一本书实际上也是如此。

2015 年，《纽约时报》（*The New York Times*）指出，康韦尔著名的《钻石之亩》演讲融合了基督教和资本主义。康韦尔认为虔诚的基督徒和虔诚的商人是一体的（尽管他指出他的想法适用于各种背景的积极的人）。

你可以从康韦尔的商业道德哲学中获得以下 4 条原则：

- 成功往往就在你当前所在之处实现（回想一下前一章中发型师兼沙龙老板克里斯蒂娜的故事。）
- 持久的成功，包括财富，来自满足人类的合理需求。
- 真正杰出的人，无论是企业家、发明家还是艺术家，都是简单的人，他们在言语、方法、想法和发明上都是直率和直接的。
- 金钱只有掌握在善于使用它的人手中才是富有权力的、伟大的和有益的。

康韦尔对成功的理想在今天仍然和其在维多利亚时代一样激进：如果你真诚地关心人们，理解并满足他们的需求，你将获得物质回报，反过来，这些回报可以用来帮助他人。这是健全的商业、良好的道德和有意义的存在之间的循环。

行动步骤
我相信

我向每一个工作的人包括企业家、经理和艺术家推荐以下关于道德成功的思考。它改编自20世纪早期社会革命家埃尔伯特·哈伯德的宣言，我们将在第五章探讨他的作品。把它贴在你经常能看到的地方，背诵它、记住它：

我相信我自己。

我相信我贩卖的东西。

我相信我的同事和助手。

我相信打印机墨水的功效。

我相信生产者、创造者、制造商、分销商以及世界上所有有工作并能保住工作的工人。

我相信真理是一种资产。

我相信成功的首要条件不是赚到一美元，而是给人带来好处，而回报通常会自然而然随之到来。

我相信英语中最伟大的词是“sufficiency”(充足)。

我相信每当我做成一笔生意时，我必须结交一个朋友。

我相信和你分开时，我必须做到我们再次见面时感到高兴，而我也会感到高兴。

我相信能工作的双手、能思考的头脑和能相爱的心。

——1912年，改编自哈伯德的宣言

点石成金

你可能知道关于迈达斯国王和他的“点金术”这个希腊神话。酒神狄俄尼索斯欠了这位贪婪的国王一个人情，国王要求能把自己摸到的一切都变成金子来作为回报。酒神勉强答应了他的愿望。迈达斯很快发现自己甚至吃不了饭了，因为他的食物变成了金子。在19世纪美国作家纳撒尼尔·霍桑（Nathaniel Hawthorne）的一篇复述中，国王为了拥有更多金子还拥抱自己的女儿，他为了财富牺牲了爱和生命。在希腊神话中，迈达斯最终向狄俄尼索斯祈求原谅，狄俄尼索斯让他在河里洗澡，河里的水吸收了他的“神力”，变成了淡黄色的黄金，诅咒就解除了。自此迈达斯鄙视财富，他的余生都在森林里度过。

现在，假设你确定已经拥有了自己的DCA，你怎么知道自己正许下一个正确的愿望——一个通向持续幸福的愿望，而不是迈达斯国王的那种绝望？在多年的出版生涯中，我认为我的许多编辑同行都会同意我的看法，没有什么比一个作家只想要成功而不是想要写出好东西更丑陋的了。

勤奋是一种美德，而狭隘的野心不是，贪婪也不是，渴望不断被赞美或认可更不是。当然，如果没有去追求、得到认可和渴望胜利的动力，伟大的艺术作品就永远不会被创造，疾病就永远不会被治愈，太阳系也永远不会被探索。但是，当个人追求卓越的动力成为一个人的主要品质，当它超越了所有其他原则和意图时，事情反而会因为个人的执念而土崩瓦解。

你应该听过“出卖自我”这个词，但这并不意味着只是为了钱，就有多大的问题，而是意味着不能把金钱放在质量之前。我曾有幸负责出版电影制作人大卫·林奇的自传，你可能知道他的电视系列片《双峰》（*Twin Peaks*）

和他的电影《穆赫兰道》（*Mulholland Drive*）和《蓝丝绒》（*Blue Velvet*）。他经常被誉为联结独立艺术电影和好莱坞制作的桥梁。人们之所以尊敬大卫，并认为他是许多电影专业学生和年轻艺术家心目中的英雄，是因为他从未出卖自己。大卫作为导演的天才之处在于他完全有能力撰写和拍摄一部标准的惊悚片，但他利用了这种能力，并根据自己的想象力来曲折地运用这种能力，因此他的电影就变成了悬疑故事和超现实主义梦境的结合，会激怒人。不过他并没有打算发表什么声明，也没有打算大赚一笔，他只是尊重这个想法。

对他来说，实现愿望是一个在任何领域有创造力的人的最高道德标准。

自我指导、正直工作使得你对人们有吸引力。当其他人都在试图拍马屁时，那个正直而有目标的人将脱颖而出。仔细记下拉尔夫·沃尔多·爱默生的这段话：

> 让我低声说出一个秘密，没有人会原谅你对他们的崇拜，原谅你对他们所做的或所拥有的一切的高估。我默认我是这样的，但我希望没有人对我客气。强壮的男人非常明白这一点。权力与权力相互吸引，对方会希望你不像他，而是做你自己。单纯附和领

导，他们很快就会发现你对他们毫无用处。他们想从你身上获得他们没有的东西；当一个人不再为自己工作而只是为他人工作时，肯定会有一些真理和能量随之消耗。于是，我当然只为自己工作。我所有的优点都是有吸引力的，我通过自己的工作而不是课程来获得教育。

正确的目标往往伴随着一种独特的无畏。一位印度青年曾经告诉灵性导师克里希那穆提，如果他违背父亲的意愿去追求工程师的职业，他担心会被赶出家门。行动吧！这位老师告诉他的学生，去行动，然后生活就会如你所愿展开：

如果你父亲把你赶出家门，你还坚持要当一名工程师，你觉得你会找不到学习的方法吗？你会去向朋友求助。先生，生活是很奇怪的，当你非常清楚自己想做什么时，事情就会发生。生活会主动帮助你——不管是朋友、亲戚、老师还是祖母，总有人会帮助你。但如果你因为父亲可能会把你赶出去而害怕尝试，那你就完了。对于那些仅仅因为恐惧而屈服于某种要求的人，生活永远不会给予他们帮助。但如果你说，“这就是我真正想做的，我要去追求它”，那你就会发现奇迹发生了。

从某种角度来看，“点石成金”就是正直。如果人们给我们恩惠并不是因为我们恳求他们，而是因为我们在顺应自己的内心而产生对他人自然的吸引：它通常会以一种坚定不移的形式出现，这是一种我们追随本心并甘愿承担后果的意愿。

很少有人愿意承担后果。我曾负责出版其作品的一位作家，他的书因为频繁地拖稿而（正当地）面临被取消出版的危险。他抗议地对我说：“我会有始有终。”但他的观点与此无关。他早已自由地决定自己的行为，要么去完成，要么不完成，但他不能要求别人按他自己的日程付钱给他了。我确实让他休息了一下，也重新调整了他的日程安排，但他仍然没有准时交稿。

勇气是你必须靠自己去做的事情。如果你自行其道，你可能会面临各种各样的损失。但你不能一边说自己有勇气，一边又坚持要求别人继续按你规定的时间和费用买单。我经常告诉人们兑现支票后不要逞英雄。但如果你面临损失，考虑一下你本该得到些什么：想想按照自己的愿望行事获得的回报，以及来自同行的赞誉。

行动步骤
做一个不再八卦的承诺

这是一个难以置信的强大步骤，保证可以提高你的思维技能和创造力。这一步也会为你的生活带来活力、改善和更大的平静。你会睡得更好；你会体验到更多的自尊；你会更有效率。

如果这一切都可以在药丸里找到，你会为它付多少钱？但这个步骤是免费的，你可以马上得到它。它唯一的效果就是使你感到满意、平静，并且拥有良好的状态。

准备好尝试了吗？总结起来就是两个词：停止八卦。

再读一遍这两个词。一次又一次。把它们铭记于心。

传播流言蜚语、散布谣言或听信谣言都是一种有毒的烟雾，它们笼罩着你的生活，正如笼罩着那些被诽谤的人的生活一样。

“但我说的都是实话！”我们坚持这么说。但真相不是这样的。事实上，我们听到或重复的每一个谣言都是不真实的、半真半假的，或者被我们不知道的重要背景信息所误导。

古希腊人告诫人们要尊重邻人的隐私，剧作家欧里庇德斯（Euripides）写道："宙斯最讨厌好管闲事。"在犹太教中，除了谋杀之外，没有什么罪会被认为比"说谎"或"恶舌"（lashon hara，希伯来语，意为"邪恶的舌头"）更严重。新思潮也有类似的观点：一个人对别人进行评价，也会使别人对他进行评价，弗洛伦斯·斯科维尔·希恩(Florence Scovel Shinn)写道。内维尔·戈达德（Neville Goddard）教导我们，所有的言语都是现实的具体化，无论是对说话者还是被说话者都是如此。

在当今世界，拒绝八卦变得更加迫切，因为大量的娱乐活动都建立在诽谤和残酷的笑话之上。电台"震惊笑话"、电视"真人秀"、政治脱口秀、刻薄的社交媒体，以及其他许多吸引我们注意力的东西都涉及贬低他人的内容。

通过拒绝八卦，你不仅在为创造一个更好的家庭和工作场所做出贡献，还能成为一个更高尚的人。

如果仅有十几个读到这些文字的人做出停止八卦的承诺。相应地，每个人去对一个朋友或所爱的人发起停止八卦的挑战，将这个挑战传递下去，会怎么样？想象一下这种连锁反应。

推销术和寻找上帝

我的朋友利亚姆·奥马利（Liam O' Malley）曾经告诉我："美国是唯一一个学习推销术就能找到上帝的国家。"他的观察绝对正确。愤世嫉俗的人永远不会理解其中的奥妙。

当一个人开始探索优秀的励志文学以及利用精神具象和自我暗示作为成功技巧的书籍时，他或她必然会开始对生活的潜在法则和力量提出疑问。

我的《一个简单的想法》（*One Simple Idea*）是一本关于正向思考运动的历史和分析的书。书中指出，并非所有发生在我们身上的事情都是在心智的作用下发生的。我们生活在无数的法则和力量之下，包括物理的限制、命运的曲折和意外事故。但是发生在我们身上的事情，往往最重要的部分都来自我们看不见的思想、情感和自我意识。当一个人承认生活的外部事件背后隐藏着看不见的前因时（从某种意义上说，这是现代思想的关键洞察——包括心理学、经济学和科学等），他也开始怀疑非物质原因的存在和作用。

如果普遍的法则和道德存在，那么我们的生活中至少有一部分不单单是根植于态度、决定和见解，而是根植于其他东西。如果思想有一个非物质的组成部分，无论是两颗心之间的某种异常交流，还是能影响环境的一些难以捉摸的观察或信念，当我们开始讨论这些，就开始接近生命的形而上学问题了。

这本书的读者，或者阅读任何励志书籍的读者，都有迫切的现实需要，通常是经济上的。但是，孜孜不倦的探索者，比如那些问题持续且不断深入的人，将不可避免地发现自己对物质生活变得“更好”的追求会扩大到寻求所有生命的意义和本质上。这种对“更好”的真诚寻求会引发追寻意义和存在。

《圣经》告诉我们，我们不能既侍奉上帝又侍奉钱财。但是一种寻求意义的生活可能会使你与金钱产生一种不同的关系，使你思考如何使金钱成为仆人而不是主宰（无论你是富有还是穷困），以及思考金钱的真正用途。这些问题本身就会引导努力奋斗的个人去考虑他或她的DCA如何与更高的生活原则相关联或相继承。

我在之前提及的朋友利亚姆就是一个很好的例子。他是一个富有天赋和激情的音乐家，一个有成就的销售和市场营销专家，同时也是一个富有献身精神的探索者。他的一生都交织在寻求上帝和如何在这个世界上正确生活的问题上。对利亚姆来说，金钱、道德和追寻是一体的，它们没有“内在”和“外在”之分，它们都在“一个生命”里。这些都是我希望你在制定和打磨你的 DCA 时能去考虑的问题。

宽恕的力量

乍一看，宽恕这个话题似乎与你明确首要目标的形成和实现没有什么关系。但仔细想想，对他人怀有怨恨和愤怒会蒙蔽你的判断，把你的时间浪费在无用的沉思中，从而使你无法发挥出最大的潜能。世界历史上几乎每一个宗教和伦理体系都信奉某种形式的因果报应。从痛苦的过去、关系中解脱出来的唯一方法是先让别人解脱，这就是宽恕。

如果你能真心实意地原谅每一个曾经伤害过你的人，尤其是那些看似本不值得原谅的人，你会变得更有效率、更有魅力，并拥有独特的能量和领导能力。你会成为一个更伟大的人。当然，我们都需要宽恕。其他人也会因为一些我们没有意识到自己做过的事情而怨恨甚至憎恨我们。但获得宽恕的唯一方法是先给予宽恕。

记住，宽恕不仅是为了别人，甚至不主要是为了别人，宽恕会拯救你，否则你会成为自己不可宽恕的原因。你想和那些好斗的同事、吹毛求疵的父母、嫉妒并折磨你的人有所不同吗？那就原谅他们。这样做可以释放出自己巨大的能量去追求真正重要的东西——生活中的明确目标。通过宽恕别人，我们是被给予的，这一点贯穿了福音书。

道理我们都懂了，但如何做到呢？首先要有原谅的意愿，想要去原谅才可能真的原谅。你可能会坦率地得出结论，你想要去原谅，或者你有了想要去原谅的意愿，但在情感上还没有准备好。这是可以理解的。我们都有过这样的经历。人类并非具有罕见的残忍性和破坏性，他们经常会对他人造成严重的情感伤害和身体上的苦痛。去祈求指导，请求更高的力量来帮助你看得更清楚，并让你接受宽恕。

如果你不喜欢祷告，你可以在冥想中，从道德角度考虑宽恕：你将从宽恕中获得什么？宽恕的力量如何帮助到你周围的人，比如你的配偶或孩子，可能那些人正深受你的愤怒干扰。

一旦尝试了这些步骤，我建议你再进行一项简单有效的锻炼，这是我的朋友理查德·斯莫里（Richard Smoley）设计的，他是一位著名的历史学家和灵性哲学家。理查德在一本短小精悍、极具影响力的书（我有幸参与了这本书的出版工作）《交易》（*The Deal*）中描述了他的实践。正如理查德所说：“交易是这样的：你同意永远放弃自己所有的悲伤、怨恨和憎恶。

作为交换，你为自己的请求得到完全的解脱。”

经理查德允许，我把他的九步练习简化了一下并放到这本书里来。请理解，这个缩略版本不能代替完整阅读《交易》这本书，毫不夸张地说，它或许可以改变或拯救你的生命。做这笔“交易”可能是你人生中最重要的一步。

交易

1. 开始

做这笔交易很简单。你需要半个小时到一个小时的时间，这样你就可以安静地、不受干扰地坐在那里。你能在午餐时间坐在办公桌前或者是在飞机上、火车通勤时做这件事，只要不被打扰就行。把这篇指示放在手边，这样你就可以阅读相关的段落，按照说明，然后继续。

2. 集中

在舒适的椅子上坐直。保持放松但警觉。闭上你的眼睛，感受你贴合在座位上的身体，把注意力集中在呼吸上。做几次深呼吸来放松自己，持续做大约两分钟，让你的呼吸轻松地呼进呼出，观察自己的呼吸流动。

当你这样做的时候，想法和画面就会出现在你的脑海中。这是自然的，也是意料之中的，让它们进来。你只需要放松并观察那些想法，不管它们是什么，同时观察自己的情绪产生了什么变化。不要试图改变什么——只是观察而已。

这时你可能感到有点放松。请将注意力重新集中到呼吸上，聚拢在靠近心脏的胸部中心，看看你能不能把呼吸和心脏区域联系起来。你可能会感到胸部发热或憋闷，或是有其他感觉。让你的注意力在那儿停留几秒钟。

3. 放下现在

现在前往你心里的一个秘密基地。不要去想它或问它意味着什么，让它发生吧。你可能会觉得你在一个静止的、非常私人的空间里，它只属于你自己。

当你在自己内心深处休息时，审视一下你认为自己最近做错了的事情，也许你说了一些伤人的话；也许你没有信守承诺；又也许是你没有及时偿还债务或按时付款。也想想现在困扰你的事情，也许是你和邻居发生了矛盾；也许你觉得自己缺钱；也许你觉得这其中有一部分是自己的错。

然后把你的注意力放到自己的缺点上。你可能觉得“我太容易生气了”或者“我吃得太多”，诸如此类。允许自己观察那些可能伴随这些想法的画面和情绪。

现在，在你心中的秘密基地，问问自己："我想从所有这些事情中解脱出来吗？"你不是在问这将如何发生，而只是问你自己是否想从这些负担中解脱出来。

如果你的答案是否定的，问自己这个答案是否会因为你认为自己做不到而改变。请先不要迷失在你认为可能奏效的方案上。你只是在决定你想要什么。如果你的答案仍然是否定的，那就把注意力重新集中到身体的感觉上，睁开眼睛，结束这个练习。决定不进一步做完这个练习并没有错。它可能只是不适合你，或者现在还不是正确的时间。你可以随时再试一次。

如果以上问题的答案是肯定的，深呼吸，释放所有这些压抑的想法和画面。

4. 放下过去

现在让你的思绪回到过去，试着回到一年前。想想那些让你感到内疚的事情，比如你说了一些残忍的话，违背了诺言，或是欺骗了伴侣。你可能会为一些小事感到内疚，比如错过约会或不回电话。你可能会想到一些伤害自己的事情，比如说没有维护自己的权益，或者犯了自认为很愚蠢的错误。

再问自己一遍："我想从所有这些事情中解脱出来吗？"

现在再回到过去，回顾一下你过去几年的生活。你可能会想起一些没有完成的事情，还有那些被你伤害过的人、你说过的谎言，以及你没能为朋友挺身而出。让这些刺痛的东西浮出水面，你想看这些东西多久都可以。再次强调，这可能会引起各种情绪，那就让它们来吧。

让这个过程继续回到你最早的记忆。你不可能回想起做过让你有所内疚的事情，只要确保你没有在刻意逃避任何事情就可以。

现在再问自己一次："我想从这些事情中解脱出来吗？"你可能会听到一些内心深处的声音，你会说"是"，或者你会感到一种安慰或轻松。深吸一口气，然后呼出来。这时，如果你愿意，你可以睁开眼睛一两分钟，甚至可以站起来伸伸懒腰，在房间里走动一分钟，别走远了就好。

5. 放下他人

再次坐下。让你的眼睛闭上，让你的注意力轻轻地回到你的呼吸和身体的感觉上。

想一个让你生气的人，或者让你怀恨在心的人。注意力集中在这个人身上。想象这个人就站在你面前。

现在问问你自己："我愿意原谅这个人吗？"

如果答案是否定的，请记住，你自己也想从许多事情中解脱出来，而原谅他人是这个过程中的一个重要部分。再问问你自己：“我愿意原谅这个人吗？”如果答案仍然是否定的，那么你可以结束练习，然后轻轻地睁开眼睛。不要勉强，你可以随时再试一次。

如果答案是肯定的，试着让这个人的形象慢慢从你的脑海中变淡、消失。

现在让你的注意力集中到你的所有不满、怨恨和敌意上。包括任何让你生气的人，比如同事、配偶或前配偶、父母、兄弟姐妹、邻居、朋友等，当然还有敌人。关注那些在你的日常生活中最能激怒你的人。

现在问问你自己：“我愿意原谅所有这些人吗？”

如果答案是否定的，问问你自己，哪些人是你不想原谅的。提醒自己，你的抱怨不会伤害这个人，你才是唯一受伤害的那个人。然后再问问自己：“我愿意原谅这个人吗？”

如果答案仍然是否定的，你可以暂时结束练习，然后轻轻地睁开眼睛。

如果答案是肯定的，让这些人的形象在你的脑海中变淡、消失。

最后，让你的注意力回到你的过去，去想所有你能想到的曾经伤害过你的人。同样，你不需要考虑到每一个人，但是让尽可能多的人浮现在脑海中，并确保不要有意识地排除任何人。

你也可以让你的思绪飘向邪恶的世界战争、杀戮、恐怖主义、残暴和不负责任当中。现在不要去寻找这些问题的答案——后面会有这个机会。只要允许你的感觉和情绪出现就可以了，观察它们，不要评判它们，然后放它们走。

问自己一下："我愿意原谅所有的这些人和事吗？"

如果答案是否定的，那就把注意力集中在你仍然怀恨在心的人身上。再说一遍，不管别人对你造成了多大的伤害，你的愤怒不会对他或她造成伤害，它只会伤害你自己。

再问自己一遍："我愿意原谅所有这些人吗？"

如果答案仍然是否定的，那么你可以暂时结束练习，然后轻轻地睁开眼睛。

如果答案是肯定的，那就让他们从你的脑海中消失吧。

6. 结束

再次把注意力放到你的身体和呼吸上。让你的注意力回到所有你想要被原谅的事情上。想象与这些事情相关的画面和情绪，让它们出现在你的左前方。

当你看到这些事情时，请对自己说："我请求宽恕自己过去所做的这些事情。"如果你愿意，你也可以请求上帝的宽恕。

现在把你的注意力集中在所有你想要原谅的人身上。想象他们也在你的面前，就在右前方。

对自己说，“我原谅你们所有人的一切。”

现在释放所有在你面前看到的画面、想法、感觉和人。让它们从你的脑海中消失。让自己从所有这些负担中解脱出来。对自己说:“我做到了。我已经原谅了一切,我也接受了宽恕。”

祝贺你。你已经完成了交易：你原谅了一切，你的一切也都被原谅了。这就是法则,它真的有用: 当你免了别人的债，你也就免了自己的债。

7. 采取行动

最后一个步骤是可选择项，如果要做的话请闭上眼睛。问问自己，在这个过程中，你是否需要向任何人道歉。你不需要回忆过去，也不需要让自己或他人重新陷入不舒服的境地。如果它不会造成伤害或不适，无论如何，有没有人是你需要对话的，需要你把原谅对方或请求对方原谅说出来的？你需要和谁和好吗？这完全由你决定，这个额外的步骤并不会影响前面交易的结果。

在睁开眼睛之前做几次深呼吸并放松。如果有强烈的情绪涌上心头，让自己去感受，不要自我批判。逐渐地回到正常的意识状态，准备好了就站起来。

8. 整合

如果有水槽或干净的水源，你可能想要去洗手和洗脸，象征性的意图是把自己从过去的委屈和怨恨中清理出来。如果条件不允许，可以稍后再做。这一步不是绝对必要的，但它可以代表一个小型的仪式，以表明交易完成。

你应该为自己刚才所做的一切感到自豪。你在这一时刻的行动将会产生超出预期的积极成果。如果可以的话，给自己留点时间。你可以出去走一走或休息一下。不用觉得你有必要把刚才所做的事告诉任何人。

提醒一句：交易完成后，你可能马上会有一种愉悦感。你可能会有一股冲动，想在生活中采取一些激进措施。不过明智的建议是，在完成这笔交易后最好先休整至少 3 天。在采取任何“重大”行动之前，先让自己休息一下。

9. 强化

最后，你可能会想要加强一些日常精神练习的效果（下面这种就是推荐做法）。一个维持交易的有用做法是简单地向世界上的每个人表达爱、和平和祝福。无论何时，只要你愿意，你都可以默默地这样做。你可以祝福家人、同事或陌生人。你不一定会看到由此产生的任何直接结果，但有时你可能会对后面所发生的事情感到惊讶。

既然你已经完成了交易，为了保持你的宽恕之心，我推荐一个在联合部长凯瑟琳·庞德（Catherine Ponder）的作品中发现的个人肯定方法。请你想到一个你需要原谅的人，或者一个你需要和他保持一定距离的人。在脑海中想象这个人的形象，默默地或大声地，肯定地说："我祝福你，释放你，祝你达到最高的幸福。"无论何时，只要有必要，就重复这个步骤。从我的个人经历来说，这句简单的箴言很有用。它可以用来解决过去的伤害或当下的愤恨。

美德终有回报

如果你对这一章的观点无动于衷，如果黄金法则、道德轮回和宽恕的观念不能让你信服，让我给你兜售最后一个概念：美德终有回报。注意下面这个来自客观主义哲学家伦纳德·佩科夫（Leonard Peikoff）的说法，他对美德提出了一个不同视角但引人注目的观点：

> 美德不会自动带来回报，但这并不能改变它最后将带来回报的事实。美德能将生活中固有的风险降到

> 最低，将成功的机会升到最高。因为道德教导人如何获取和运用自己思想的全部力量，如何选择伙伴，如何组织社会才能使最优秀的人出人头地。它教会人如何在有原则的基础上保护自己的生命和躯体，从而对抗那些可以预见的危险。这并不是赋予人们全知全能，而是给人们提供了预防、减轻或抵消种种罪恶的手段，否则这些罪恶将难以对付。

这本关于美德如何带来回报的杰出书籍有一个看似不太对劲的书名——《如何吸引好运》（*How to Attract Good Luck*）。这听起来可能像一本赌博指南，但它跟赌博毫不相干。经济学家、记者和外交官 A.H.Z. 卡尔（A.H.Z. Carr）在 1952 年写下了这本书。卡尔曾在富兰克林·罗斯福和哈里·杜鲁门政府中担任经济顾问，在欧洲和远东地区执行经济和外交任务。他通过观察那些有抱负的人，以及观察外交和商业领域的人们的职业生涯是如何起落的，从而积累了大量的经验。

在《如何吸引好运》一书中，卡尔向我们展示了个人的许多挫折和失败是由冲动、短视或不道德的行为所造成的。这些品质会阻碍好运，而相反的品质则会带来好运。卡尔所说的运气不是指盲目的机遇，而是指那些使环境对我们有利的固定的行为模式。

在此，我总结了卡尔关于美德如何带来回报的一些见解：

- 对同事、陌生人或泛泛之交表现出意外的友好。在宗教和神话的历史中，毫无理由的款待或友好的表现往往是一个转折点，当某人在不知不觉中帮助了天使或神时，他就会得到大量的回报。

- 追求你感兴趣的话题或工作。这是一个和好运产生关联的诀窍。

- 无聊是坏运气的预兆。你会为了摆脱无聊而做出轻率的举动。保持忙碌和对事物的投入。

- 慷慨总是会有回报的。

- 寻找实现目标的小机会。无论是与其他小步骤结合，还是单独采取的一个小步骤，都可能产生意想不到的结果。

- 对更大的关键机会保持警觉——永远保持预备状态。

- “知道自己想要什么是幸运的。”专注会给我们带来正确的行动。

- 永远不要把自己想象得比实际情况更令人敬畏、更有能耐。对你目前的能力水平和能力发展的方向要现实一些。

• 健康的自尊使你远离麻烦。

• 避免接触好斗的同事和熟人。卡尔写道："那些让我们感受到竞争氛围的人，很容易诱使我们不幸地表现出自负来。"

• 永远要想办法把偶然事件好好利用起来。

• 威廉·詹姆斯："道德意志的一次成功努力，比如对一些习惯性的诱惑说'不'，或者做一些勇敢的行为，会让一个人在几天或几周内处于更高的能量水平，激发他更大的能力。"

• 偏见会带来厄运。

• 能赋予你高贵气质的，是道德和勇气而不是冲动或好斗。保护心爱的人或事业是一种幸运的行为。

• 不正直的行为招致不幸。

• 嫉妒会驱使你做出愚蠢的行为、产生可悲的想法。它会带来坏运气。

• 卡尔："我们所做的任何努力，无论多么微不足道，只要能阻止不安全感支配我们的行为，就是向幸运迈进了一步。"

行动步骤
像这样结束每一天

拿破仑·希尔写了下面的祝祷词，他建议在每一天结束的时候诵读。如果祈祷不适合你，那就把它作为一种个人道德的陈述来背诵，请适当改变表达来顺应你的心意。“我并不要求更多的祝福，我只要求更多的智慧，以便更好地利用我现在所拥有的祝福。请给予我更多的理解，让我在同胞心中占有更多的空间，因为我明天所做的将比今天所做的更多。”

拿来就用

- 黄金法则的真理和力量超乎你的想象。你不仅要用它来支配自己的行为，还要用它来支配自己的思想。它是我们拥有的最伟大的个人工具。
- 让你的目标和你的行为形成一个道德轮回，让每个人都能从中受益。
- 持久的成功来自满足人类真正的需求。
- 努力成为独立的、不墨守成规的和自我引导的人。狭隘的野心和从众的想法不会有什么结果。
- 正确的目标伴随着一种独特的无畏。
- 无论何时何地，都远离八卦，它会毒害所有人。这是你能给自己的生活带来的最简单，同时也是最大的改善。现在就做吧。
- 你就是自己所想的和所做的。没有所谓“内在”“外在”“商业”与“私人”——你就是一体的。
- 宽恕不是什么娇生惯养的美德，它可以在你的生活中开启巨大的可能性。
- 完成“交易”——只要一个小时，就能改变一切。你的感受和行动都将更自由。
- 良好的道德会给你带来超出想象的收获。美德终有回报。

04

第四章

打磨
你的目标

REFINING YOUR AIM

现在，让我们把目光放到目标的细节中，重新审视、修改它，并将资金纳入你的愿景和计划。

首先，写下你的目标非常重要。永远不要忽视这一步。写下的目标具有特殊的力量。这个看似很小的行动代表了在这个世界上你的目标的初步实现。就像结婚证、合同或法律法规一样，书面文字承载着承诺的重量。

你可能需要在一段时间内修改你的目标，直到它完全适合你，这是很自然的事。你可能会觉得你已经搞定了，但结果却不那么好，这都是过程的一部分。你必须坚持下去，直到你得到一个简短的、生动的、绝对完整的目标陈述。

在 7 月 4 日美国国庆假期之前，我写下了这段话。当美国的建国者宣布从英国皇室独立时，他们并不只是讲他们打算做什么。他们撰写了《独立宣言》（*The Declaration of Independence*），其主要文本由托马斯·杰斐逊（Thomas Jefferson）撰写，代表们在费城的州议会上各自签字，这个过程代表了明确的承诺，虽然当时来看还有一些风险。那么，在制定你的明确首要目标时，你为什么要轻描淡写呢？这是你的生活，请认真对待它。

打磨你的DCA

从某种意义上说，你在把生命押在你的 DCA 上。这就是为什么我一直强调需要谨慎地修改你的描述。我想与你分享我的朋友蒂姆·波塔（Tim Botta）的打磨过程，他是一位艺术家，在写这部分内容的时候，蒂姆的 DCA 正从一个半专业的艺术家过渡到一个专业的艺术家。这是他第一个与行动计划相结合的 DCA，后面还有一个修订后的改进版本：

> 我明确的首要目标是成为一名专业的艺术家和插画家，以艺术为生。我将专注于纸上水墨、丙烯绘画和数字艺术。我会为书籍、杂志和网站提供各种各样

的插图。我的插图大多是富有想象力的肖像。为了推广我的专业作品，也为了给艺术指导师提供样本，我将在网上制作一个插图作品集，供他们参考。我也会主动带着样本与艺术指导师联系。我的画会在网上出售，也会通过专攻具象艺术的画廊出售。

到 2017 年 1 月 1 日，我将赚到足够的钱，使我能够从半专业转为专业画家，并且这份职业能负担我所有的经济支出，足够为我自己和我的猫提供健康保险。到 2021 年 1 月 1 日，我每年将至少赚 10 万美元、有至少 100 万美元的储蓄和投资，并且无负债。

作为这笔报酬的交换，我打算以一个艺术家和插画家的身份提供服务，创作美丽的、富有情感的、受欢迎的艺术作品，揭示其主题的精髓，并在世界上推广一种积极的精神（就像披头士所做的那样）。我的艺术作品也将描绘一个自由人的意识（如杰斐逊飞机乐队的成员）。我将创作出高质量、高数量的作品，让人们知道我是一个多产的艺术家。我赚的钱将用于资助我的艺术，并且将极大地改善我和我所爱之人的生活质量（当然包括我的猫和其他任何我可能拯救和收养的猫以及琳达的猫）。我也会用我赚到的一部分钱来促进和支持动物救助和保护。如果我的艺术得到认可，我也会把它作为一个媒介来推广和支持动物救助和动物保护。我也将继续通过视觉艺术来推广正向思考运动的理念和价值。

我的计划是通过社交媒体获得作品的关注，同时为艺术家相关的杂志或网上平台创作说明视频和说明文章，最终通过为书刊和其他媒体创作插画来获得报酬，我也会在网上和画廊出售原创作品。

我将把插画艺术和多种美术风格结合，形成一种人们会喜欢的以及令人兴奋的全新风格。

我的艺术作品将作为宝贵的遗产出现在画廊和书籍中，而作为我个人财富的一部分，我会利用它们为动物救助和保护组织捐赠礼物，也会用以此获得的报酬成立一个动物救助和保护基金会。

当我读蒂姆的目标陈述时，作了如下评论：

（1）在你的开场白中，更具体地说明了你的作品将采用什么形式和传播媒介。

（2）顺着这一点说，你是否制定了或正在制定有组织的计划来开展这项专业工作？你调研过画廊、顾客和他们的需求吗？

（3）我认为你的时间规划是合理的，但我会说“我将会”（I will）而不是“我应该会”（I would like to），这种措辞才意味着对上述两点的肯定。

（4）更多地使用现在时态，你本就已经开始着手这项工作了。

（5）把精力放在焦点的地方。里面提到的书刊和说明视频听起来非常分散。

经过一番来回，蒂姆写出了一个更精确的修订版，如下所示，它是理想主义的、雄心勃勃的，但同时也是现实的。蒂姆设定了明确的目标，并点明了他用来实现目标的一些手段。

我是一名专业的艺术家和插画师，我依靠这个职业过得很不错。我专注于纸面的水墨和丙烯绘画还有数字艺术。我为书刊和网站提供各种各样的插图，主要覆盖心理自助和励志主题。我的插图素材主要来自正向思考运动中那些富有想象力的历史人物肖像。

为了促进我的专业工作，我正在创建一个精美的插画在线作品集。我每周会拿着我的插画样本联络至少一名艺术指导师。

到2017年1月1日，我每年将至少能赚3万美元，使我能够从半专业转为专业画家，并且这份职业能负担我所有的经济支出，足够为我自己和我的猫提供健康保险。到2021年1月1日，我每年将至少赚10万美元，有至少100万美元的储蓄和投资，并且无负债。

作为这笔报酬的交换，我打算以一个艺术家和插画家的身份提供服务，创作美丽的、富有情感的、受欢迎的艺术作品，揭示其主题的精髓，并在世界上推广一种积极的精神（就像披头士所做的那样）。我的艺术作品也将描绘一个自由人的意识（如杰斐逊飞机乐队的成员）。我创作的作品质量卓越，数量众多，使我被誉为高产艺术家。我的收入用于资助我的艺术，也极大地改善了我和我所爱的人的生活质量（当然包括我的猫和任何其他我可以拯救和收养的猫以及琳达的猫）。我还会从赚到的钱中拿出一部分来推广和支持动物救助和保护行动。我用作为艺术家的知名度来促进和支持动物救助和保护。我也通过视觉艺术来推广正向思考运动的理念和价值。

我正按照计划有序行动，专注于为自助和励志读者这个群体创造富有想象力和启发性的新思想英雄的特征，通过我的咖啡馆媒体商店提供商品（包括印刷品、T恤和咖啡杯等其他物品）。我的艺术作品是我日常生活的一部分，并给予人们灵感和鼓励。

我综合了插画艺术和多种美术风格，形成了人们喜欢的、令人兴奋的全新风格。

我的艺术作品将作为宝贵的遗产出现在画廊和书籍中，而作为我个人财富的一部分，我会利用它们为动物救助和保护组织捐赠礼物，也会用以此获得的报酬成立一个动物救助和保护基金会。

“就它了！去做吧！”

无论在哪个领域，很少有人能写出比畅销科幻小说作家奥克塔维亚·巴特勒（Octavia Butler,1947—2006）更令人信服的目标陈述，我们在第一章就提到过她了。20世纪五六十年代，巴特勒在帕萨迪纳市长大，她是一个瘦弱而孤单的非裔美国人，很早就决定要成为一名小说家。就在她开始成为一名作家时，巴特勒于1988年在她的一个笔记本上手写了以下使命宣言。这位先锋作家撰写了我所见过的最具先见之明、最具体、最以价值为导向的目标陈述之一。下面我们来研读它并从中学习。

我将成为一名畅销书作家。

在《成虫》（*Imago*）之后，我的每一本书都会登上 LAT、NYT、PW、WP 等畅销书的排行榜。

无论出版商是否大力推销，无论我是否得到高额预付款，我的小说将会出现在上面的榜单中。

这就是我的生活。我写畅销小说。我的小说在出版后马上或者在短时间内就能登上畅销书排行榜。我的小说每次都能到达榜单的顶部，并且能持续好几个月（至少两个月）。我的每部小说都是这样的。

就它了！

去做吧！

我会找到实现目标的方式。

就它了！

去做吧！

我的书将会被成千上万的人阅读！

我要在一个很棒的社区买一栋漂亮的房子。

我要送贫穷的黑人年轻人去参加其他作家的工作坊。

我要帮助贫穷的黑人年轻人开阔眼界。

我要帮助贫穷的黑人年轻人上大学。

我要为母亲和自己提供最好的医疗保障。

只要我想要或需要，我就能租车。

无论何时何地，我都可以自由旅行。

我的书将被成千上万的人阅读！

就它了！

去做吧！

重读巴特勒的目标陈述。亲手抄录一遍，记住它，让它的力量渗透你的心灵。永远记住：巴特勒为这里面的每一句话都倾注了她的努力、学习和付出。她的宣言之所以有力，正是因为她用持续不断的努力和强大的作家才华来支撑它。同时要注意到，她和前面蒂姆的目标陈述，都体现了热诚和专一是实现任何有价值目标所必需的属性，无论是创业、获得职业生涯中的专业认证，还是完成一个自己所热爱的项目。无论你关注的事物是什么，成功的要素都是相仿的。

你的每日投入

我现在要给你们提供一个非常强大的练习，它是从《思考致富》里摘录过来的。这个练习是我个人日常练习的核心。首先，我要你在一个新文档中写出你明确的首要目标。接下来，我想让你列出你打算从 DCA 赚多少钱以及相应的截止日期。例如，“我一年从中赚取 150 000 美元的报酬，截止日期：【某年 / 某月】”。再写上你赚取报酬所要提供的服务或产品。例如，“我通过做家政管理工作赚到这笔钱，这让我的客户有更多的时间来工作和陪伴家人。”一定要明确（如果你发现很难在你的 DCA 上注明一个具体金额，别担心，我会在本章后面更详细地讨论这个问题）。

在你的 DCA 和收益表下面，写下或直接粘贴下文的 5 个步骤，就像下文的格式那样。你从前文已经知道第 5 步是什么了，那就是把它贴在你可以经常看到它的地方。一旦你做完这些，把文件打印出来并签上你的名字。或者，如果你愿意，可以把你的签名做成电子版，添加到你的设备或笔记本电脑上。每天至少满怀激情地读一遍这份宣言。拿破仑·希尔推荐一天读一遍，但在开始阶段你也可以尝试在早上读一遍，晚上再读一遍。同样的被签了名的段落也出现在了功夫大师和电影演员李小龙的日记本里。

（1）我知道我有能力实现我人生明确的首要目标，因此，我要求自己坚持不懈，不断地行动以实现目标，我现在就将承诺付诸行动。

（2）我意识到我脑海中的主导思想最终会化作实际行动，并逐步转化成为物理现实。因此，我将每天花 30 分钟集中精力来思考我想要成为的那个人，从而在我的头脑中创造一个关于那个人的清晰画面。

（3）我知道通过自我暗示的原则，我头脑中持久存在的任何欲望,最终都会通过某种实际的手段来实现它背后的目的。因此，我将每天花 10 分钟来要求自己培养自信。

（4）我已清楚地写下我人生的明确首要目标，我将永不停止地努力，直到我拥有足够的自信去实现它。

（5）我充分认识到，除非建立在真理和正义之上，否则任何财富和地位都无法长久存在。因此，如果一笔交易不能惠及所有人，我就不会进行。我将通过吸引我想要使用的力量和与他人的合作来获得成功。我会引导别人为我服务，因为我也愿意为别人服务。我要消除仇恨、妒忌、自私和犬儒主义，培养对全人类的爱，因为我明白消极的态度永远不会给我带来成功。我会让别人相信我，因为我愿意相信他们并相信自己。

我会在这个文档上签名，并牢牢记住，每天大声地重复一次（或两次），充满信念地相信它会逐渐影响我的思想和行动，让我成为一个自立并成功的人。

想法是如何运作的

想法只能带你走一段路。我们经常听到这样的话：一个好主意可以改变你的生活。这听起来不错，但并不完全正确。还有一个必要的因素：一个伟大的想法，要想真的伟大，必须伴随着出色的执行。源于不知所为的惰性，或是拖延（其实是恐惧），或是缺乏天赋，都会让伟大的想法灰飞烟灭。大多数想法只不过是空谈。

一个亿万富翁级别的投资人曾经告诉我，“世界上有很多伟大的想法。但好的执行比有一个好的想法要难得多。因此当我投资时，我会投资那些有执行力的项目，而不是空有想法的项目。”

社会哲学家迈克尔·沃尔泽（Michael Walzer）说过类似的话，“一个想法必须有一个支持者”，否则它就毫无意义。无论你的目标或想法的本质是什么，如果你缺乏实现它的能力或沟通它的能力，它就会枯萎。

伟大的执行始于专业知识。拿破仑·希尔是这么说的：

> 知识不会自己赚钱，除非它被组织起来，并被实际的行动计划明智地指导使用。正是因为缺乏对这一事实的理解，成千上万的人错误地认为知识就是力量，他们感到困惑。根本不是那么回事！知识只是潜在的力量。

希尔指出，一共有两种知识：通识和专业知识。通识实际上是毫无价值的，它能做的很少，而且经常让你无处可去，除非你喜欢在当地的酒吧玩问答之夜[①]。希尔指出，关键在于寻求和应用专业知识。

要获得专业知识，你必须区分哪些知识来源是值得信任的，必须确保你所获得的信息是准确的、相关的和最新的。首先，你必须把事实与纯粹的信息分开。很多信息并不是建立在事实的基础上，而是建立在谣言、观点和随意作出的判断之上。其次，你必须把事实分为两类：重要的和不重要的。所有有助于你追求 DCA 的事实（只要不侵犯他人的权利）都是重要的和相关的，不能有助于你的事实则恰恰相反。如果

① 问答之夜：指知识竞赛类的小游戏。

你把注意力完全集中在那些有助于实现你的目标的重要事实上，你就会获得专且精的知识，同时你的思绪也将格外清晰和专注。

这就是为什么我强调要远离八卦，既别去听信，也别去传播。如果你允许自己受到各种信息的影响，尤其是流言蜚语，你将永远无法成为一个专注的思考者，将无法实现你的明确首要目标。闲言碎语、谎言、谣言、随意的意见和多余的信息，这些都必须避免。

关键公式

我在前面提到过，大多数想法因为缺乏良好的执行而消亡。拉尔夫·沃尔多·爱默生说出了一个遗憾的事实："想法和执行往往不是同一个头脑负责的。好的推测和实践是不相容的，如修道院和布鲁克农场[①]的失败。打铁必须由铁匠来完成；搞学术的人一旦尝试，他就成了半个江湖骗子。"

拿破仑·希尔提出了一个行动公式，照做即可有效执行。我已经把他的公式放在下面了。这个公式可以让你理解那些

① 布鲁克农场：Brook Farms，一个乌托邦社区。

将想法与专业知识相结合的必要元素，并进而产生一个成功的组合。希尔在他的《思考致富》关于“专业知识”的一章中引入了这一公式。我已经把这些要素转化为一个方程式，这将帮助你将它们付诸行动。这个公式就是：

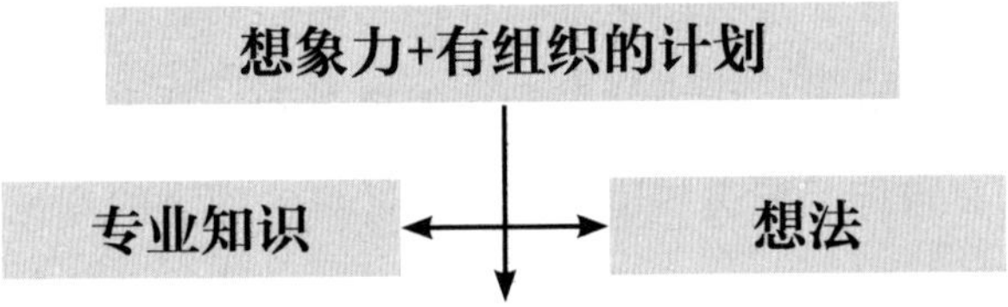

看看上面加粗的字。这些元素本身没有任何意义。没有计划的想象力是幻想；没有想象力的计划是毫无亮点的；没有想法的知识是不思进取的；没有知识的想法只是凭空猜测。但经过这特殊的组合，这些元素就能形成一种精神力量，使你用专注和行动浇灌你的 DCA。

换句话说，想象力以有组织的计划（而不是白日梦）的形式，把想法和专业知识连接起来。让我们假设你有一个想法：想经营一个移动宠物美容服务。你是怎么让它运作的？你如何向人们推广它？你会需要什么样的车辆？你对宠物的美容水平达到标准了吗？诸如此类的问题都会存在。用你的想象力来描绘各种场景，列出你需要完成的所有事情（用有组织的计划来表达），在你的想法和专业知识之间架起桥梁，开始落地吧。你可能需要别人的帮助来获得一些相关的专业知识；你可能需要付出一些代价；你也大概率需要做更多延伸的研究。

你头脑中的这些能力——用想象力结合有组织的计划来连接你的想法和专业知识，将在你的想法和行动之间架起桥梁，并最终为你的 DCA 带来足够的专注和实现的可能。

你听信于谁？

当你在研究和完善你的 DCA 时，特别是在寻获专业知识时，必然避免那些不了解你的领域的人的意见。拿朋友和亲戚来说，尤其要注意那些总是有着这样那样的观点、仿佛急于让你的梦想破灭的人们。他们凭什么来评判你，是作为一个企业家、教师、艺术家还是投资者，他们是否在你选择的领域或任何其他领域有杰出表现？

“毫无疑问，”拿破仑·希尔写道，“人类最常见的弱点就是习惯于让自己的思想受到他人的负面影响。这一弱点最具破坏性，因为大多数人并没有意识到他们受到了这种诅咒，而那些意识到这一点的人们，会选择忽视或拒绝改正这一恶习，直到它成为他们日常习惯中不可控制的一部分。”

你还记得三步奇迹法中的第三步吗？就是沉默。你唯一应该与之交谈的人是那些拥有你所在领域的专业知识，并且愿意分享或公平出售知识的人。唯一的例外是你是心智大师小组的成员，我们将在下一章探讨这个话题。

即使是“专家”也要小心。杰出或有成就的人也时不时会犯错，记住这一点。让我告诉你我踩过的坑。曾经有位专家就给了我错误的建议。在我作为一个出版人工作时，我曾在重版公共版权的作品方面特别成功，那些作品大多是因为版权过期或未续期而成为公版作品。这个特殊的领域对我来说是有利可图的，对我个人而言也大有裨益，它让我能够使新一代的读者接触到一些触动我心灵的经典励志老书，收益确实可观。

然而，当时我还是一个年轻编辑，在思考出版公共版权作品的可能性，因此，在 1998 年，我参加了一个关于版权和公共领域法律的会议。在企业的大力游说下，国会于当年通过了一项法案，将一般作品的版权保护期从 75 年延长至 95 年。很明显，如果说国会不是想完全限制公共版权作品范围的话，也是在打算整体缩小这个范围。

我找到了其中一位小组成员，她是一位在版权管理方面观察敏锐、颇有造诣的专家。我跟她谈了我的兴趣爱好，她很快就明白了我的意思。她说："听着，如果你还在考虑创建一个公共版权作品的出版项目，别想了。国会只会继续缩小公共版权作品的范围。"

她错了。她不明白的是，积极心态和励志精神领域里，由于之前版权法的一些漏洞，有大量被忽视的、非常受欢迎的书籍已经悄然落入了公共版权的范围，而这正是我所擅长的领域。我当时并不清楚这一点。这是一种直觉，后来我的努力证实了这一直觉。

我做了广泛的研究，了解版权法的细节，并确定书籍进入公共版权范围的各种情况。碰巧的是，不管国会怎么做，在美国励志文学复兴期间出版的许多书现在都成了公版书。这些作品无论是从个人兴趣还是专业领域角度来说，我都很感兴趣。

与此同时，其他人，包括我的朋友和一些生意上有来往的熟人，也在告诉我，公共版权作品的出版已"死"。他们认为，新技术，如按需印刷、电子书和云数据库，意味着所有值得阅读的东西都将非常容易被获取，无论是免费，还是以非常低的价格，未来将没有公共版权作品的再版市场。

那些持反对意见的人都错了。我不知不觉地发现，不仅大量具有商业吸引力的文学作品被这些技术所遗漏（倒不是技术本身做的选择，而是人们自己导致的），还有像我这样喜欢励志书籍的读者非常愿意购买制作精良、装帧漂亮的经典作品版本。如果你真的想要阅读一本免费的书，那么在手机上下载一本免费的电子书与拥有一本高质量的实体书并不矛盾。励志类书籍读者喜欢折书角、记笔记、划重点和下划线标注，为此你需要（也应该有）一本自己的实体书。另外，当你珍爱一本书时，你会想要多拥有一个制作精良的版本，它也许是经过重新排版的，有着精致的封面和装帧。作为一个励志书籍读者，我想要所有这些，我知道其他人也会的，即使是在电子版本中，好的制作仍然非常重要。

当被告知我计划高质量重版那些作品时，一个（略有些愤世嫉俗的）金融家告诉我："哦，我明白了：这就像卖瓶装水一样，同样的水装进了一个漂亮的容器里。"不，根本不是那样的。一个励志书籍爱好者尊重他或她最喜爱的作品，比如说，读《匿名戒酒互助手册》（*Alcoholics Anonymous*）的读者，把这部伟大作品当作圣经一样看待。并不是随便什么版本都可以，所以这不是新瓶装旧水的问题。它是以一种尊重其价值的方式将作品公诸于世，也为后代和研究提供一个制作精良的版本。

我对这一切都有一种本能，因为我不像大多数企图给我建议的人，我过去是，现在仍然是一个励志书籍的狂热读者。我通过研究、经验和行动来检验我的直觉，探索了什么是可获取的、什么是畅销的、什么是有效的、什么是无效的，以及那些有价值的作品都在哪里。我读了非常多的这类作品。从 2005 年我重新发行一系列关于自我发展的经典励志作品的那一刻起，我就取得了成功，而且再也没有回头（也从未遇到过高质量作品枯竭的情况）。

我们的直觉并不总是正确的，必须收集资料来支持它们，但是永远不要让任何人，尤其是在你领域之外的人，来告诉你关于你的生意、专业或艺术应该怎么搞；也要小心你在网上读到的东西，数字世界充斥着不可靠的信息。正如前面提到的，仔细检查你的消息来源，问问自己：这个人、这个课程或读物值得我信任吗？不要只看表面价值。

此外，要使用数据去收集足够的数据。收集的数据足够多，多到在你丢掉绝大多数收集来的数据后也依然能做判断。你卖什么、做什么、买什么？要多少钱？消费者是谁？他或她挣多少钱？他们购买的频率有多高？竞争对手是什么？你可以在网上、图书馆、好的课本和课程中找到数据，你也可以亲自去拜访愿意向你敞开大门的人、机构、组织和商店。

永远不要低估与 DCA 相关的人和机构面对面交谈的价值。人们喜欢能展示他们所知道的东西的机会，但要确保说话的人拥有准确的、最新的信息。

最后，永远不要接受别人对任何事情下的所谓最终判断。验证，验证，再验证。与我分享执行的重要性的那位亿万富翁投资人还说过另一个故事。他在年轻的时候，为自己的公司在中西部一个遭受经济衰退重创的城市开设了办事处。主街上的商店都被关了，城镇的部分地区看起来像是被遗弃了。“太可怕了。”他回忆道。

他与当地的一个房东会面，商谈租用办公室的事宜。房东把他带到那个地方，铺开楼层平面图，让他看面积，并对租金直言不讳：房东告诉了他每月的抵押贷款金额，并解释说他收取的租金只够支付他的成本，仅此而已。“你找不到比这更便宜的了。”房东说。我的朋友回答说：“我不知道。也许街对面的那个人比你还穷，他会以一半的价格租给我。”

他讲这个故事并不是为了教人们该如何冷酷无情。他是在证明，无论事实看起来多么明显，无论某人说话多么权威或直来直去，一定，一定要自己确认事情的真相。

另一位投资者称其是在寻找可核验的信息。他不阅读金融交易信息、不阅读向股东和投资者提交的报告，也不阅读寻求风险投资的公司或人士提供的数据。相反，他会绕过这些来源，亲自进行研究，比如雇佣一名工程师从油田中收集自己的岩芯样本。这种投资者总是寻求独立的、可验证的数据，以避免依赖别人的说法。

他说："财富是靠可核验的信息创造的。"

质量规则

以往人们曾经对"出卖自己"或"成为系统的一部分"的术语心存戒心。尽管这些术语如今已不再被广泛使用，但它们反映了一种合理的担忧，即便这种担忧并非绝对必要。出卖自己的定义很简单，它的意思是：把金钱放在质量之上。就这么简单。如果你真的能坚守住自己的服务、艺术或产品的品质和功用，那么任何金钱交易或推销行为都不应该让你觉得在出卖自己。

更重要的是，在艺术和商业领域，有些妥协是奏效的。我认识一个电影导演，为了使一部电影赶上参加某个电影节，他在截稿日期的压力下进行剪辑，他和他的支持者们需要电影节来帮助这部电影曝光和发行。他在剪辑工作还不够完备的情况下播放了这部电影，因为如果他不这么做就会招致财务危机，这也意味着他要对自己的支持者和相关人员食言。他的承诺和他对完美的追求同样重要。对于这个电影项目的内核或愿景，他并没有真的妥协，但他还是让它去参加了电影节——这同样是做了正确的事。

音乐家弗兰克·扎帕（Frank Zappa）是一位正直的艺术家，某天晚上参加了《大卫·莱特曼秀》（*David Letterman Show*）。扎帕当时正在宣传一张新专辑，这张专辑曲目由伦敦交响乐团演奏了其作品的交响乐版本构成。他主动对莱特曼坦白道，在他看来，这张专辑听起来并不完全在他应该有的水平，这确实是有点草率了。但扎帕解释说，预约伦敦交响乐团的排练时间非常昂贵，他没有足够的钱来支付他想要的排练次数。他有既定的预算，他有支持者，他有一个承诺。扎帕尽了自己最大的努力，信守承诺，发行了这张专辑。

我的愿望是每一件艺术品和产品都能做到完美，史蒂夫·乔布斯是这方面的大师。但世间总有不得已的妥协，比如上面提到的那些，它们仍然是有效的。只要产品是安全的、合格的、被有效地做市场营销、被明码标价销售，只要你不歪曲或破坏它的本质，你就不是在出卖自己，而是在遵守你的承诺和约定。

钱很重要

金钱是成功的重要组成部分，也是做成任何项目的必要条件。除非你得到适当的报酬，否则就不会感受到成功。你想要的可能远不止高薪，更可能是财富。这是一个合理而健康的目标。在《思考致富》一书中，拿破仑·希尔设计了一个获得财富的公式（毕竟，这本书的书名确实叫《思考致富》）。我将他的公式改写成如下步骤，谨慎地按照步骤来。这种练习应该用像生命契约般的庄严来对待，这正是它的本质。

第一，记住你想要的钱的确切数目。光说“我要很多钱”是不够的，对金额要明确。

第二，明确你想要提供什么样的服务或产品来换取你想要的钱。

第三，确定一个明确的得到所渴望的金钱的日期。

第四，为了实现你的愿望，需要制定明确的计划，并且“立即”开始，无论你是否准备好，都要将计划付诸行动。

第五，写一份清晰、简明的声明，说明你打算获得的金钱的数额，获得这笔财富的期限，打算用什么来换取这笔钱，清楚地描述你用以得到这笔财富的计划。

第六，每天大声朗读你的书面声明两次，一次在晚上睡觉前，一次在早上起床后。当你阅读时，你会看到、感觉到并相信你自己已经拥有了这笔财富。

希尔教导说，观察并遵循第六步尤为重要。你可能会觉得，在你真正拥有这笔钱之前，不可能真的看到自己拥有它。这正是强烈的欲望来帮助你的时候。如果你真的渴望金钱或其他目标，并且深深感受到你的渴望是一种痴迷，你将说服自己它是可以实现的。这是自我暗示的另一种用法，它能帮助你将思想和注意力导向你的目标，从而对实现目标的机会变得更加敏感。记住，你的目标必须在可实现的范围内，就像在第二章中介绍的那样。

选择财富

金钱在拿破仑·希尔的世界观中是至关重要的，在你们的世界观中也应该如此。正如我所提到的，任何项目或事业，除非从经济的角度来看是可行的，否则都不能被视为成功。希尔撰写《思考致富》一书和其他所有的成功哲学，都是为了让人们在追求任何有价值的目标时都可以加以运用。如果你的主要目标不是金钱，你可以依据上文的内容自行调整目标。

出于各种各样的原因，有些人对把钱和梦想放在一起感到矛盾。2016年，我收到了金伯利的来信：

> 我写儿童书籍（我把它们快乐地放在我的抽屉里，但是朋友们和我脑中的一些声音鼓励我尝试将它们出版）。我正在尝试使用你推荐的书，像拿破仑·希尔的著作和《奏效》。我当然想要钱……但现在我只想专注于出版其中一本书。我可以使用希尔的想法，用书代替钱吗？还是使用《奏效》里的原理？你推荐的书里观点有重叠之处……我只是想简化我的流程。
>
> 我想听听你的意见，看哪种方法效果最好。钱的部分阻碍了我的进程，因为我不知道我的书值多少钱（钱仿佛是风或是埃夫伯里的巨石阵带来的[①]……而风并没有赋予它货币价值）。

我告诉金伯利，她应该随心所欲，暂时不提钱的事。但从长远来看，不能忽视金钱。如果你为穷人建造学校，你需要资金来建立和运营它们。如果你是一名艺术家，你需要

① 埃夫伯里巨石阵是欧洲最大的环形石阵之一，共有98块直立的石头，都浑然天成、未经雕琢地位于英格兰威尔特郡索尔兹伯里平原的埃夫伯里。

为自己和所爱的人赚钱。我从出版界和其他方方面面几十年的经验中学到：除非一个项目在经济上能成功，或者说至少是可行的，否则没有人会对它真正感到满意，无论它有什么其他优点。资源是生命的自然组成部分；金钱则是一种获取商品、服务、医疗、文化、教育和满足其他关键需求的手段。金钱是一种得到嘉奖和认可的方式，无论是对你的工作而言还是对别人的工作而言。从根本上说，金钱是一种关系，它不是用来统治你的生活的，但它是至关重要的交易。

金钱也能让你珍视自己的愿景。有些人还记得经典的电视情景喜剧《猴子乐队》（*The Monkees*），讲的是 20 世纪 60 年代披头士式摇滚乐队的狂欢。这个“团体”是根据长相和能力来挑选演员组成的。在现实生活中，制作人会把他们送进录音室，实际上用的是其他人写作的、由录音室里的专业人员录制的歌曲。事实上，猴子乐队的成员是真正的音乐家和唱作人，他们想演奏和创作自己的音乐。通常来说，他们的制作人会嘲笑他们的野心，并让他们回到片场就位，但有一件事值得一提——1967 年猴子乐队卖出了数百万张唱片。这给了这些艺术家以商业影响力，使得他们可以要求在剧中创作并使用自己的素材，以及在工作室和舞台上演奏。尽管评论家们对这支乐队一直不太感兴趣（如今这种情况正在发生变化），但猴子乐队证明了他们是一支真正的乐队。如果没有金钱的支持，他们永远不会有这样的机会。

当我第一次开始阅读《思考致富》时，也不习惯写下一个特定的数字。我犹豫着要不要这么做，因为这感觉很不自然。在我看来，这似乎令我别无选择或者说是在拉低我的格调。写下一笔财富的数额是对我的宗教信仰的嘲弄。但我必须告诉你，当克服了那些犹豫之后，我发现定下一个明确的数字和日期是非常有效的。

当我写这些话的时候，看到一张黄色的便利贴贴在我自己那本《思考致富》的封底（书皮和书脊我已经用透明包装胶带重重缠绕，以防止书在多次阅读后散架）。我的黄色便利贴上的日期是 2014 年 11 月 23 日，上面列出了一个具体的金额，我承诺在 2015 年 11 月 23 日（碰巧也是我的生日）赚到这笔钱。后来我在这张纸上写了一个附言：事情就这样发生了！ 2016 年 5 月 27 日，最后一个日期，我非常惊讶地注意到，我当时写下的金额早在既定的时间范围内达成。

为什么会这样呢？正如我之前提到的，写下并承诺一个精确的金额和期限会在头脑中产生一种独特的吸引力，无论是有意识的还是潜意识的。当你把自己定位在一个具体的目标上，你会开始注意到机会、人、各种可能性和想法，它们可以服务于你的目标。把我的建议当作一个希望你能成功的朋友的建议，好好地去做这些练习吧。

为钱烦忧

2016年，我收到了来自华盛顿特区的杰森（Jason）的来信，他给我发邮件说，他很难弄清楚如何让自己的目标在经济上可行。他问自己，怎样才能在养家的同时，从平凡的工作过渡到理想的电影制片人的工作呢？

“我很难将书中的理论始终如一地转换到我的生活中。”他继续解释道：

> 关于我的一些情况，我今年41岁，一直渴望成为一名电影制片人。无论在我所处的环境中，这个想法是多么地如影随形，我仍很难保持足够的自我激励来实现自己的心愿。所以我想应该寻求一些建议。我认为自己面临的一个巨大障碍是，为了追求这个目标，我似乎不得不冒非常大的风险。我知道我的犹豫是感官上的，然而现实是，我确实也有责任照顾我的家人。

我听到很多人在问这样一个问题：怎样才能在当前承担这么多经济责任的情况下追求自己所爱的事业？在回答他的问题之前，我想了解更多具体情况。我问他是否接触过电影行业或有电影行业的背景。他回复说：

> 除了内心肯定我自己应该是一个制作人以外，我没有太多正式的机会接触这个行业。在过去，我曾参加过跟剧本创作和电影研究相关的课程，但没有上过电影制作学位所需要的那样广泛的课程。我目前住在华盛顿特区，接触这个行业的机会有限。虽然我没有正式的电影制作背景，但一直被电影的戏剧性所吸引。我相信，如果我能走出目前的思维局限，肯定能成功。我也相信我来到这个世界上，是有着更多的目的和意义的。从外在的标准来看，我还算成功，但内心觉得自己很平庸。我只是不想我的余生在平庸中度过。

我被杰森的话感动了。我自己也曾经历过这种情况，我敢说，任何想要扩大自己可能性的人都要为钱的问题而绞尽脑汁。我尽可能诚实地回答了杰森：

谢谢你讲述了自己的情况。差不多20年前，我也有过同样的感受。我被一家政治出版社解雇了（这原是我梦寐以求的工作），然后在一家新世纪媒体找到了一份工作，我的大多数朋友和前同事都认为这份工作比开软心先生冰激凌车[①]稍微有名望一些。我曾密切合作过并视为好朋友的一位作家，甚至没有邀请我去他家参加假日烧烤派对。我曾积极参加过一个外国书展，但美国的组织者很快把我忘光了。在我以前的文学界朋友的眼里，我就像个无名小卒。我也感觉自己缺乏目标：我随意出版一些书籍，而不是写作。直到2003年夏天，《心理科学》的编辑让我去采访棒球投手巴里·齐托（你可以从本书的序中看到这个故事）。他们得到了巴里的采访机会（巴里常使用心智学指导自己的生活），坦率地说，他们不想让任何人使他们难堪或把事情搞砸。我写了这篇文章，它完全重新点燃了我对写作的热情，它给了我一种方向感：写作关于心智学的内容。从那时起，我开始向上发展，从一些小杂志开始。我认为对我有帮助的是能够动笔开始写作的能力。我不需要等任何人给我亮绿灯，尽管我

① 软心先生冰激凌（Mister Softee）：美国最大的冰激凌制造商之一，始于1956年。

确实想要有人能那么做。

我认为成功的核心原则之一是立即开始，无论你当前在什么水平。现在，你正在创作你想要的东西吗？据我所知，制片人需要在经济上支持电影创作和电影制作，无论是用他自己的钱来做这件事，还是更多情况下，作为投资者的代表来做。制片人会进行挑选、给出批评和建议，甚至去撮合人事，但最终，他是一个支持者。如果你对剧本创作有热情，或者对电影评论性的写作有热情，那你可以马上开始（在你的日常工作之外）。又或者说，如果制片真的是你的爱好，我会建议你开始参加各种电影节，会见电影制作人，查看独立电影制作的所有渠道，看看都有谁在这个领域，他们在做什么，深入思考一些问题，让自己能把他们的项目拓展到更大的范围。我知道这是一个被过度使用的表达，但我还是要说：要跳出思维定式。在美国，电影是一种广泛的文化，从学生纪录片到独立短片再到《疯狂的麦克斯》（*Mad Max*）。你从哪里切入这个领域对你最有好处？它的链条里缺少什么？

如果可以的话，你可以去纽约的电影博物馆（就在皇后区的阿斯托里亚——那里有一个充满活力的工

> 作室），把它当作一次宗教朝圣。走在展厅里，感受一下你热爱的这片土地的根茎及其生长。如果你有信仰的宗教（像我一样），请祈祷并请求指引。把你的目标写下来，要非常具体和清晰。然后回到《思考致富》——我认定的真言，从头到尾做练习，好像“你的人生就指望它了”那样做。

然后我就钱的问题发表了评论，我希望你们仔细注意这个问题：

> 我们经常因为停下来思考，或纠结该如何通过做我们热爱的工作来谋生的问题而使得我们的计划胎死腹中。暂时把这两种需求分开是非常重要的。谋生是一个永远存在的问题，许多伟大的艺术家和发明家在追求他们激情所在的同时依旧维持着他们的日常工作。最重要的是开始。如果我们把谋生和追求意义这两件事等同起来，我们可能永远都不会开始。现在让我们把这两件事分开来考虑。

我必须强调这一点的重要性。开始意味着开始。如果你等着有一笔钱就位再开始，你的梦想绝对连实验一番都不行。财务经理迈克尔·菲利普斯（Michael Phillips）在他颇有见地的著作《金钱七大法则》（*The Seven Laws of Money*）中写道：“经常有人问我‘我下个月该做什么？在这事开始之前我怎么活啊？’我想告诉他们的是，马上开始、前进、把事情完成。无论如何，你都得为下个月的钱担心，这是你自己的问题。试着把你正在处理的项目问题和你自己的生存问题分开。如果你需要先确保自己下个月舒舒服服才能保证项目的生存，这个项目早就被你玩完了。”

菲利普斯并不建议人们承担过大的经济风险。他写道：“先弄清楚你个人如何生存下去，然后再去弄清楚这个项目对你有多重要。无论如何，你都要继续维持自己的生活，而当你在做一个项目时，这肯定会带来额外的负担。但是就项目本身和项目成功本身而言，如果你把自己谋生的需要和项目相关的需要纠缠在一起，它们一定会受到严重的危害。”

在攻克项目的过程中如何脱身是你我以及所有人必须单独解决的问题，但是，永远不要把追求自我实现与养家糊口的金钱需求混为一谈。如果你这么做，你就会持有一种危险的态度，就像菲利普斯说的那样，认为“这个世界欠你的”。这往往会滋生惰性、怨恨和不负责任。

杰森回信说，他准备重新努力，并问我是否可以推荐更多阅读书目。我告诉他："首先，最重要的，我会买一本精装原版的《思考致富》，仔细地读一遍，好好地跟着做那些练习。"听起来是不是很熟悉？"这已经是我们最好的读物了。我还会读爱默生的散文《自力更生》《精神法则》《补偿》。如果你想获得一点实验性的阅读，推荐内维尔·戈达德的《意识的力量》。"我还劝杰森去买一本《金钱七大法则》，并建议仔细读读第一章，这一章是关于经济生存问题的。

但最重要的是，我劝告他：开始吧。小而明智的步骤将为你的努力增添一些个人能动性。我们都需要钱，无论你在生活中处于什么地位，都必须解决这些既定的需求。但是不要让金钱阻碍你计划的开始。永远不要。

拿来就用

- 写下你的目标，这个行为具有意想不到的效力。珍视它。
- 你的书面目标是一个神圣的契约。修改它直到完全正确。
- 确保你的DCA是清晰且可行的，并且你完全掌握了所有相关要素。
- 每天至少用心、专注、感性地阅读你的目标一次。
- 伟大的执行力比伟大的想法更重要。
- 想象并不意味着白日做梦。想象力，加上有组织的计划，才能将你的知识和你的想法连接起来——它使得你的知识能有真正的作用。
- 可靠的专业知识对你执行项目至关重要。
- 你必须把专业知识转化为可操作的、有组织的计划。
- 寻找可靠的信息意味着仔细评估你的信息来源。永远不要说三道四，也不要随便听别人的意见。
- 专家也可能是错的。要自己进行研究。
- 妥协是有益的，只要它不违反你的中心原则。
- 跟着拿破仑·希尔的六步法则获得财富。精力充沛、准确无误地去做。

- 不要做金钱的奴隶，但不要羞于追求金钱。金钱可以帮助你实现你的目标，维护你的愿景。
- 不要把你的DCA和你当前的生存问题捆绑在一起。成就和生存是两个不同的关注点，把一个绑在另一个上会麻痹你。

05

第五章

永不放弃：智慧坚持的艺术

NEVER GIVE UP: THE ART OF INTELLIGENT PERSISTENCE

有时候明确的首要目标似乎遥不可及。你会问自己：这样做有用吗？我可以这样做吗？把我的目标设定得更简单或更现实不是更好吗？

坚持是实现DCA的一个重要组成部分，没有它，你就会失败；有了它，你会惊讶于自己取得了意想不到的成功。拿破仑·希尔教导我们，成功往往在一个所谓“理智”的人决定放弃之后才会到来。

同样重要的是，要记住，成功往往会以意想不到的方式来到你的身边。当你以一种大众认定的方式期待你的愿景逐步展开、机会逐步靠近，你的目标可能看起来会非常遥远。许多销售人员已经注意到，他们的订单并非来自直接的电话推销，它们来自更大的范围，但当电话销售停止时，订单也就没了。即使成功的到来是间接或出乎意料的，它仍需经过一定的步骤才能生根发芽。一个被低估的成功法则：成功往往是通过秘密渠道悄然而至的。

拿破仑·希尔讲述过传奇推销员埃德温·C.巴恩斯（Edwin C. Barnes）的故事，他在《思考致富》一书中颇受赞许。巴恩斯的志向是和托马斯·爱迪生（Thomas Edison）一起工作。他在爱迪生位于新泽西的实验室找到了一份卑微的工作。当爱迪生发明他的第一台留声机时，他的销售人员无动于衷，没人认为它能大卖。巴恩斯加入进来，获得了独家销售权，并最终取得了成功。这巩固了他与爱迪生的合作关系。巴恩斯成功的原因在于：知道自己想要什么（与爱迪生合作）；让自己接下一个其他人都不相信的项目。

循环定律

认认真真、一丝不苟、坚持不懈地做自己独有的工作，这是一种特殊的力量。生活是由一个个循环组成的，当一次次机会来到你身边时，你做好了准备，结果自然不会差。

拉尔夫·沃尔多·爱默生和先验论者都明白，我们的存在、商业社会和所有人类事件都反映了自然的循环。生命是季节性的、不断重复的、周期性的。对某种服务、产品或想法的需求会在某个确定但还未知的时刻出现，所以要做好准备。

马克·吐温是这样说的：“世间的事物总是周而复始的，并非变幻莫测的，一切已发生的事物必将一而再、再而三地发生，它们有自己的周期，不遵循其他而是遵循自身的规律重复……指导日夜更迭的自然规律，也正是支配世间万物的自然规律，我们不要低估其中的价值。”

万物皆有时节。

我们不一定非要知道这些循环的具体轨迹和模式，你需要的反馈或是机会，肯定会在你付出大量血汗后令人惊喜地到来。做好准备本身就能让你在机会到来时充分利用它。爱默生曾写过，个人的力量由“专注”和“钻研”组成。他的意思是把你的精力集中在一个目标上（专注），坚持不懈地训练、练习和完善你的技艺（钻研）。这就是微生物理论的先驱路易斯·巴斯德（Louis Pasteur）所说的：“机会青睐有准备的人。”

这里还有一些成功人士的案例，他们的成功是在意想不到的时候到来的，看似“突然”，然而从自然规律的角度来看却并非如此。因为当命运召唤时，他们每个人都做好了准备。

关键来电

1967 年，受过科班训练的加拿大裔美国舞台剧演员乔纳森·弗里德（Jonathan Frid，1924—2012）准备退出舞台。虽然弗里德得到了一些百老汇的角色，但他已经厌倦了当演员这份时好时坏的生计，他想过一种更稳定、更可靠的生活。弗里德原本打算离开纽约市，到洛杉矶去开一个戏剧指导班，那里的表演教师行情不错。

一天，弗雷德正在收拾公寓，电话铃响了，他的经纪人让他去准备一个角色，扮演一只在一部成本很低且评价褒贬参半的哥特肥皂剧中的吸血鬼。在弗里德看来，整件事都很愚蠢，考虑到自己的搬家计划，这位演员拒绝了，他的经纪人仍坚持让他一试，最后弗里德同意了去试镜，他得到了这个角色，并很快因在电视剧《黑影》中饰演内疚不安的吸血鬼巴纳巴斯·柯林斯（Barnabas Collins）而出名。

拿破仑·希尔称这种现象为“挖地三尺有黄金”。在《思考致富》一书中，希尔讲述了一个采矿工程师的故事，他放弃了看似徒劳无功的淘金行动，以极低的价格卖掉了自己的金矿，金矿的新主人很快就在其前任放弃挖掘的位置三英尺的范围内挖到了黄金。这个故事证实了希尔的原则：坚持才有收获。乔纳森·弗里德的案例也印证了此原则，当弗里德试镜巴纳巴斯这个角色的时候，制片人立刻发觉这个舞台剧演员身上有着古典风度，是恶毒和脆弱的混合体，这正是他们在寻找的那个人。即使在弗雷德接受这份工作后，他也希望这是临时工作，并安排推迟而不是取消他的搬家事宜。巴纳巴斯原本是该剧故事情节的一条支线，但弗里德饰演的痛苦吸血鬼让观众们欣喜若狂，收视率迅速上升，他也成了该剧的主角。

弗里德不仅成了名人，而且他将巴纳巴斯塑造成一个饱受折磨、但又似乎具有同理心的怪物，这为安妮·赖斯（Anne Rice）创作的后德古拉时代的吸血鬼形象奠定了基调，她将吸血鬼变得更有人性了。

人们有时把像弗里德这样的故事称为某人“走了狗屎运”了，但这并没有真正反映出事实，是多年的训练让这位演员早已做好了准备，他的个人风格和语调都非常适合出演这个千载难逢的角色，在那通关键来电之前的20年里，他一直在努力。

坚忍征服

牧师兼教育家拉塞尔·H. 康韦尔（Russell H. Conwell）

决心帮助费城教区的工人阶层群众上大学。1882 年，他开始在格雷斯浸礼会教堂的地下室里，利用夜晚时间教授课程，还亲自给大学生寄支票，帮助他们支付学费。

但是康韦尔想做的不仅仅是在地下室教学和写支票，这位部长已经因他的励志演讲《钻石之亩》而闻名，他将成功定义为满足人类合理的需求。除了牧师和教师的职责外，康韦尔还保持着密集的演讲日程，在全国各地进行他的“钻石之亩”演讲。一天晚上，在一个陌生的城市里，一个主意油然而生：他要用除了来回路费以外的所有演讲费用为工薪阶层的学生建立一所大学。

1888 年，康韦尔获得了建设一所学校的许可，即后来的费城天普大学。为了确保他的学校具备财务上的生存能力，康韦尔继续进行他的《钻石之亩》演讲，并把所得费用捐赠给天普大学。到 1925 年去世时，他的演讲达到 6152 次之多。

今天，天普大学纪念其创始人的校训是：不屈不挠，坚忍征服。在这个案例中，康韦尔只花了很短的时间就下定决心，要将他的资源奉献给一所面向工薪阶层学生的学校，以改变美国高等教育的面貌，而他自己也成为了这个国家最具创新精神的教育家之一。

不平常的常识

传奇励志作家埃尔伯特·哈伯德（Elbert Hubbard）的职业生涯始于一家肥皂制造商的销售主管。他梦想成为一名激进的社会作家和小说家。19 世纪 90 年代初，哈伯德利用他在肥皂公司的股份积累的一小笔财富，在纽约东奥罗拉创办了一本政治和文化杂志，名叫《庸人》（*The Philistine*），还在纽约的东奥罗拉创建了一个名为罗伊克罗夫特（Roycroft）的工匠社区。

哈伯德在他的著作中，反对工业革命和国家城市化运动，倡导良性竞争、公平正义、少说多做、恢复工匠精神在产品中的价值，他个人就在罗伊克罗夫社区践行着这些原则。哈伯德猛烈抨击童工和血汗工厂。他批评了“世侩的”现代思维方式，这种思维方式导致那些受过各种教育的大学生对真正有用的、需要个人打磨技艺的技术和工作一无所知，哈伯德认为这些技术和工作在新工业经济中的价值被低估了。

其实在 20 世纪即将到来时，哈伯德作为一名作家仅取得了中等的成就。但 1899 年 2 月的一个晚上，在一个家庭晚宴中，哈伯德有了一个想法，这个想法使他一度成为了世界上最著名的作家之一。

有位出版商和他的儿子探讨过安德鲁·S. 罗文中尉（Andrew S. Rowan）的经历，他是美西战争期间美国陆军的一名情报官员。1898 年两国冲突伊始，罗文奉命向反对西班牙统治的古巴叛乱领袖卡利克斯托·加西亚将军（General Calixto Garcia）传递一条重要的美国军事情报，但加西亚却下落不明，人们只知道他在古巴东部某个丛林里。在没有得到美国军队战略简报和物质帮助的情况下，罗文登上了这个丛林所在的岛屿，并找到叛乱将军的位置，将他的信息传递给了加西亚，这是巩固美国与古巴游击队联盟的重要军事情报，最终致使西班牙战败。

哈伯德非常喜欢罗文中尉这个角色，因为这位军官表现出了独立思考、足智多谋和坚毅等特质。哈伯德认为，大多数劳动者是缺乏这些特质的。他们往往容易在前一秒感到兴奋，后一秒就觉得无聊，对工作表现得很淡漠。

哈伯德需要填补那期《庸人》中的一些版面，所以在晚饭过后，他在一个小时的时间里写了一篇称赞罗文品质的所谓“文学琐事”，并用这篇小文章填补了他 1899 年 3 月的杂志专栏的空白。这篇文章对他来说不太重要，所以他没有拟标题就刊登了，但这篇短小的文章很快就引起了全国的关注。雇主、经理人、大学校长和将军们都订购了这期杂志的加印版，或者自己掏钱把讲述加西亚故事的文章作为小册子重印出来，最初是成千上万的人这么干，最终（几乎可以确切地说）有数百万的人这么干。这篇文章后来被命名为《致加西亚的信》（*A Message to Garcia*）。这篇文章非常受欢迎，多年来，“致加西亚的信”这个词一直被作为俚语使用，意指接受一项充满挑战的任务。这篇文章还被翻译成世界各地的语言，并被外国军队和工薪阶层阅读。父母们会把这本书送给即将上大学或进入职场的孩子们。想要升职的、有进取心的职员们，也都贪婪地阅读这本书。

《致加西亚的信》在近50年的时间里一直是美国成功文学的中流砥柱。尽管如今这本书的受欢迎程度已远不如从前，但还是有一些雇主会把这本书送给新员工。一位朋友最近告诉我，他的女儿在开始为一位老会计工作的那天就收到了这本书。

《致加西亚的信》使哈伯德成为美国家喻户晓的人物，并引起了人们对他此后观点和著作的关注。哈伯德的文章不仅是第一批被大众阅读的励志文学作品之一，还为今天整个励志文学领域树立起了标杆。

1915年，一艘德国U型潜艇击沉了前往欧洲向德国皇帝抗议一战的一艘客轮，哈伯德和他的妻子爱丽丝因此丧生。

哈伯德生命的悲惨结局并没有削弱他生前的活力和影响力，从很多角度来看，这反而印证了他追求正义的人生追求。可以说，哈伯德让自己的声音被全世界听到的能力，是从他每天晚上一个小时一个小时的工作中锻炼成长起来的，他为此准备了一辈子。

当回顾所有这些人物和他们的成就时，想想被称为“先生”的犹太圣人马尼康·门德·施尼尔森（Menachem Mendel Schneerson）的这句格言：“所有的好事都来得出乎意料。”我还要补充一句：当且仅当那个人做好准备的时候。

毅力坚韧之人的8个特质

拿破仑·希尔认为，坚持是一种精神状态，因此是可以培养的。希尔告诉我们，坚持是基于坚韧之人的 8 种性格特质产生的。

认真地阅读这些特质，并想想你拥有哪些特质？缺乏哪些特质？花 8 天的时间来研究自己的这些特质，每天只专注其中一个，这将大有裨益。拿一个小笔记本，从早到晚地记录在什么时候自己表现出拥有或缺乏某一特质，尤其注意那些需要加强的缺乏特质。

（1）目的明确。这似乎是显而易见的，因为整本书都是基于这个主题的，但你可以借此机会测试一下自己。没有什么比确定你到底想要什么更能培养你的毅力了。光是这一点就能克服许多困难。

（2）欲望拉满。如果你的欲望极其强烈且饱含激情，你自然会坚持不懈地追求你的目标。如果你的决心在动摇，看看自己是否足够想要达到自己的目标。

（3）自力更生。这个短语经常被提及，但很少被真正理解。读一读拉尔夫·沃尔多·爱默生的同名文章吧。自力更生不是自私或固执，它是指能独立制定目标、不盲从以及对自我有信念。

（4）计划明确。如果你的计划是明确、简单和清晰的，你就能更好地执行。具象会助力坚持。

（5）知识准确。希尔写道："光猜不学会破坏毅力。"你的计划必须基于可靠的知识和准确的信息（这些信息来自经验、观察和研究）来建立。准确能筑建信心。

（6）合作力。只有傻瓜才会想独来独往，你必须与同事、员工、合作伙伴、客户、供应商和买家和睦相处。没有人能与世隔绝地独立行动。

（7）意志力。就像自力更生一样，意志力经常被误解。它意味着把你的想法、计划和精力聚焦在一个明确的、单一的目标上。

（8）习惯力。有些习惯是天生的；另一些则来自行为的重复。你可以把坚持作为一种理想的习惯来培养。重复有目的和有效果的行为可以建立毅力。你越坚持，它就变得越自然。

现在我要指出希尔所说的那些会扼杀毅力的性格特质：

（1）没有认识到并清楚地定义你想要什么。

（2）任何形式的拖延。

（3）缺乏获取专业知识的兴趣。

（4）优柔寡断。

（5）无法做出清晰、明确的计划。

（6）自鸣得意。

（7）随时做出妥协或让步。

（8）把自己的错误归咎于别人。

（9）缺乏野心。

（10）看到失败的苗头就放弃。

（11）缺乏书面计划。

（12）当机会出现时，无法及时抓住。

（13）空想、扯闲话或做白日梦。

（14）对贫穷妥协，而不是将追求财富作为目标。没有野心去试、去做、去拥有。

（15）寻求成功的捷径，想不劳而获。

（16）害怕批评。

成长实验

拿破仑·希尔讲过这样一个故事，在安德鲁·卡耐基还是一名年轻记者的时候，他想让希尔对成功的本质做出全面的研究，当时这个想法还只是一个抽象概念。希尔写道，“这是一个很好的‘契机’，它带给了我一生中最大的一次机会，但在它成为一笔财富之前，我必须为此付出 25 年的坚定努力。”

你有投入这种努力的耐力吗？这很大程度上取决于你对目标的渴望程度。希尔写道，“普通的欲望经受不住失望、挫折、暂时的失败、批评和不断地担心自己是在‘浪费时间’；只有强烈的欲望和绝对的痴迷才能经受得住！”我之所以重复这一点，是因为它对你的成功至关重要，我怎么强调都不为过。

你可能还会发现，尽管你的愿望很强烈，但有时你仍会感到挫败。无论何时你准备放弃，记住这一步——一个鼓励人心的关键电话就可以把你从沮丧和绝望中拯救出来。在 2015 年秋天，我开始了一个实验，这个实验现在仍在进行中，我现在邀请你加入进来。我称之为“30 天心智挑战”。在我的文章、谈话和媒体采访中，我会鼓励人们写下并签署一份个人保证书，保证在 30 天内竭尽所能，专注于他们生活中发生的所有进步、肯定和有建设性意义的事情，无论是发生在过去还是现在。在此期间，你要去考量每一个合理的目标。你要放下所有的怨恨、内心的不忿和抱怨。30 天，不吹牛、不动摇，看看会发生什么。

我给了参与者一个电子邮件地址（我也同样会给你）让他们向我报告他们的情况并亲自给每个来信的人回信。我收到了大量的电子邮件，有人报告获得了突破，有人报告遇到了困难，还有人问了一些有启发性的问题。所有回应的人无一不为这个实验所触动。我希望你严肃对待这项工作。这可能会对你的生活产生质的影响。它可以在任何时候重复，当你遇到阻塞，感到孤独，或需要补充能量和热情去追求你的目标时，都可以重复。

由于这本书比我第一次介绍这项心理挑战的专栏有更大的

空间，我会扩展描述并提供更多细节，让大家能从中获得最大效用。以下是相关的背景、灵感，这个至关重要的步骤等你来行动。

30天心智挑战

美国哲学家威廉·詹姆斯（William James）渴望找到一种可实践的、对幸福感有具体改善的精神。尤其是在生命的最后几年里，这位哈佛大学的医生深受正向心智学，也可称为新思想的个人实验所鼓舞。詹姆斯称其为“心智健康的宗教”。在这个实验中，我们将继续探索詹姆斯所寻找的可实验的、有效的生活哲学。

这个实验是基于埃尔伍德·伍斯特（Elwood Worcester）和塞缪尔·麦库姆（Samuel McComb）1931 年出版的《身体、思想和精神》（*Body, Mind, and Spirit*）一书中的一段话产生的。两位作者都是圣公会的牧师，他们都是 20 世纪早期受人尊敬的治疗组织——“伊曼纽尔运动”[①] 的创始人。“伊曼纽尔运动”以其成员在波士顿后湾的伊曼纽尔教堂命名。

① 伊曼纽尔运动：Emmanuel Movement，一种基于心理的宗教治疗方法；在实践中，宗教因素不被强调，主要的治疗方式是个人和团体治疗。

伍斯特和麦库姆是教会的联合牧师，他们把牧师、医生、心理学家和病人聚在一起，研究和应用心灵的恢复能力。

在《身体、思想和精神》一书中，一位杰出的科学家（作者未透露其姓名）向一小群听众讲述了他如何通过一个月的思维实验从根本上改善了自己的生活。以下是他的证言，我仅做了一些删减：

> 女士们，先生们，在我坐下之前，我想做一个私人的陈述，我想你们会发现这比我的演讲更有价值、更有趣。一直以来，在我50岁之前（他现在大约65岁），我都是一个不快乐、无能的人。我没有出版过一本可以成名的作品。我在加利福尼亚的一个不重要的小镇安家，科学界对我一无所知。我一直生活在一种忧郁和失败的感觉中。也许我最痛苦的症状是头痛，通常一周有两天会复发，而在这期间我什么也做不了。
>
> 随着我50岁生日的临近，我开始对自己的精神进行评估，我意识到自己很不对劲。我读过一些关于新思想的文献，这些文献在当时看来是拙劣的，还读过威廉·詹姆斯的一些陈述，即把注意力集中在好的和有用的东西上，而忽略其他的。他的一句话一直萦绕

在我的脑海里：“我们也许不得不放弃恶的本性，但与获得一个善良的生命相比，那又算什么呢？”。到目前为止，这些理论对我来说似乎都只是神秘的理论，但意识到我的精神状况越来越糟，我的生活是那么的令人无法忍受，我决定去验证它们。根据我的教学和心理习惯，我决定做一个仔细的、诚实的实验，并仔细和诚实地做实验记录。我决定把刻意练习的时间限制为一个月，因为我认为这段时间足够证明它对我是否有用。在这个月里，我决定限制一下自己的思想，如果我回忆过去，会尽量让我的心灵只停留在那些令人开心的事情上，比如我童年的灿烂日子，老师们对我的启发，以及我毕生事业的缓慢开展。如果我思考现在，会故意把我的注意力转向其可取的要素上，我的家庭、孤僻给我带来的工作机会，诸如此类。我下决心要最大限度利用这些机会而刻意忽略它们似乎毫无意义的事实。如果我考虑未来，便决心把每一个值得的和潜在的雄心壮志尽数假想都在我的掌握之中。尽管这在当时看起来很可笑，但考虑到我后来的遭遇，我发现自己当时的计划唯一的缺陷是把目标定得太低，囊括的内容还不够多。

很快，我感到自己马上就要有重大发现了。我开始感受到一种令人激动的期待，这种期待是我在科研工作中经常经历的。当实验的截止日期到来时，我又满怀热情地投入到新一轮的实验任务中（这是我尝试过的最伟大的任务），这次我不用等一个月。8天过后，我知道实验成功了。我从来没有想过要把我的头痛也纳入到努力计划中，因为我认为这些头痛是不可能从中得到帮助的。但在这一点上，我失误了，因为头痛突然停止了。后来的15年里，我只患过一次头痛，而且那次头痛是我为了实验故意引起的。

除了这种可喜的解脱，我的第一个变化是，多年来我一直非常不快乐，但现在却感到幸福和满足。我知道詹姆斯说的“有意识地保持正确和优越感”是什么意思了。更让我惊讶的是，我能让别人快乐，我的性格变得更能与人亲近，而以前我总是与人群格格不入。到目前为止，由于我是在人生的后半程才做出改变的，我想你们不会觉得这些变化和发现有什么奇怪之处，但接下来的事情可能会让你的想法受到打击。就我个人而言，16年前我不应该接受这些说法。然而，我外在生活中的大部分变化都是事实，这可以在《谁人之人》（*Who's Who*）中得到证实。我在最开始的时候就提到过，最难以忍受的负担是我的默默无闻和自我隔离，以及意识到岁月在流逝，而我并没有接近野心里的那个目标，虽然我有足够的能力，我的名字却不为人知，我的作品也从未得到发表，因为没有出版商愿意接受它们。

比起内在的变化，我的生活因思想的变化而发生的外在变化更使我吃惊，但后者却是由前者引起的。比如说，有一些杰出的人，我非常渴望得到他们的认可。其中最重要的一位写信给我，邀请我成为他的助手。我的作品都已经出版，我还成立了一个基金会，将来会出版我后续的著作。与我共事的人对我很有帮助，合作也愉快，这主要是因为我自身的态度发生了变化，从前他们可忍受不了我。我还有一个抱负是当选一个大的国外科学协会的主席，虽然这是我最大的愿望，但它似乎完全超出了我的能力范围，以至于我做梦都觉得把它定为目标是荒谬的，但它还是出现了。当我回顾所有这些变化时，似乎在某种程度上，我无意中在人生的道路上踉跄了一下，并使得以前对我不利的力量开始为我效力。

让我们一起重复这个实验。选择你的开始日期，写下下面这段话：“我从__________（日期）这一天起，将专注于所有有营养的、有进步的、有前途的事物，并持续 30 天。我要每天念 3 次这个誓言：在早晨醒来时、中午时和晚上睡觉前。为了自己和身边的人们的利益，我将全力以赴地完成这项任务 30 天。__________（签名）”。

我建议你把这段文字写在一张索引卡上，在卡片的背面画一个表格，在格子上标出这 30 天里的每一天。每当你标记一天，或者当你觉得有必要的时候，重读科学家的证词也会有帮助。当你发现自己陷入旧的思维习惯时，不要担心，只要引导自己回到实验中就可以了。你不需要重新开始，只需要继续前进。

实验中的磕磕绊绊

我要指出，这个实验的确有一些既定的困难。其中之一，我希望你们自己会注意到这一点，我们实际上喜欢生气、愤怒、怨恨，并重演过去的争论或痛苦，为什么？谁会想要难过呢？

事实可能不止看上去这么简单，当我们沉浸在愤怒和恐惧的情绪中时，会体验到一种独特的激动和兴奋。我们着迷于看到让我们生气或害怕的东西，就像看恐怖电影一样。这种体验让我们感到新奇和兴奋，同时也感到宽慰，因为怪物并非真实存在。

更重要的是，我们期望从过去或想象的灾难中获得满足感，在很多情况下，甚至从中获得自我认同和身份认同。我们喜欢设定在某种情况出现时，自己会说些什么或做些什么。虽然我们会否认，但事实上我们的确经常希望冲突重现，这样我们就可以扮演复仇英雄或采取报复行动。

有时我们会再现冲突，希望找到问题的答案，但这通常是一个会耗尽精力的过程，只会让我们回到最初的问题轨道上。电影《猎鹿人》（*The Deer Hunter*）就讲述了这样一个故事，克里斯托弗·沃肯（Christopher Walken）饰演一位饱受折磨的越战老兵战俘，他想要再玩一次俄罗斯轮盘游戏[①]，那正是他被俘虏时被迫玩过的游戏。他在绝望地、玩火似地试图弄明白发生在自己身上的事情，甚至可能试图从

① 一种残忍的赌博游戏：规则是在左轮手枪的 6 个弹槽中放入一颗或多颗子弹，任意旋转转轮之后，关上转轮。游戏的参加者轮流把手枪对着自己的头，扣动扳机。中枪的当然是自动退出，怯场的也为输，坚持到最后的就是胜者。旁观的赌博者，则对参加者的性命下注。

那可怕的经历中重新获得活着的感觉。

你是否曾无意中听到有人用手机打电话向朋友描述他对同事或家人有多生气？你注意到说话人的声音有多愤怒了吗？他迷失在自己的戏码中，他无辜却受到了不公平的待遇，想告诉世界他受到了多么不公平的对待。现在，想象一下当你在自己的头脑中重新进行争论或对抗时，你的声音是怎样的，想象一下你会说什么、会怎么说。尽管这是一种幻想，但反击时你会有一种胜利、笃定和自豪的感觉，你的身体充满了肾上腺素。你会迷失在你的戏码中，对周围其他人或事漠不关心。尽管短暂的体验会让人感到兴奋，但它对你的生理、心理和生活环境的长期影响是毁灭性的。这些思维习惯将我们的重心固定在一个充满愤怒的地方，而不是一个充满想法和能量的地方。我们的思想和所关注的事物一样，通常会在我们无意识的情况下通过自我暗示得到重现。

当你开始接受这个挑战时，要仔细观察自己。思维习惯是尖锐的，经常把我们拉向消极。这不是你的错，这是我们被制约的方式。负面情绪可能是上瘾的一种形式。例如，身体会渴望释放肾上腺素。在很多情况下，我们会对消极情绪逐渐感到习以为常，以至于除了我们恐惧和愤怒时、除了我们假想逃避或反驳时，我们都会丢掉自我意识。消极情绪可以支配我们的生活。

这就是为什么你们必须以承诺和严肃的态度来面对30天的挑战。请注意，这位科学家说他之前是全身心地投入到研究中，你也要做同样的事情。有一件事可以帮助你产生这种热情，并帮助你在这30天里保持决心，那就是要有一个你打算通过这次挑战而获得的具体目标。你现在最想要什么？你想要燃烧的激情是什么？在挑战中总要掉一层皮。这个实验的重点是看看这会给你的生活带来什么变化，或者给你带来什么好处。实事求是地去探索它，一切只看结果。

一个学生曾经问拿破仑·希尔，在极度愤怒的状态下，他怎么可能控制住自己的思想和情绪。这个问题很中肯，希尔回答说："就像你和家人发生激烈争吵，然后听到门铃响，表明有人要来拜访时，你会改变态度和语气一样。你会控制你自己，因为你想这样做。"一般来说，我们无法控制自己的情绪。但在某种程度上，当一种情绪与另一种更强烈的情绪发生冲突时，控制力就出现了。如果你曾经发现有必要为了一些更大的目标而迅速隐藏自己的情绪并改变面部表情，比如在工作或公共场合避免难堪，你就会知道这是可以做到的。这就是为什么你必须带着某种内心深处的渴望去面对挑战。让你的渴望与那些自然出现并持续存在的负面情绪作斗争。

当我写这段话的时候，我又开始了对自己的30天挑战。我有一种强烈的感觉，一种与我的绝对目标相一致的具体的渴望。在这30天里，保持这个渴望可以帮助我专注于我的目标，并推动我去实现承诺。专注于你疯狂地想要得到的东西，让它更具体些，这是决定性因素。

6个充满力量的字[①]

这里有一个不起眼但很有用的建议，可以在“30天心智挑战”期间和之后使用。它是资本主义哲学家安·兰德（Ayn Rand）的小说《阿特拉斯耸耸肩》（*Atlas Shrugged*）中的一句话。

兰德是一个强烈的个人主义者，他相信理解和实现人的生活目标是人存在的最高意义。在兰德看来，缺乏目标的人是不道德的。无论人们如何对兰德的思想进行广泛应用，单单只是欣赏她对你作为一个艺术家、商人或任何你所致力于

① 原文为5个单词：It Must Not Stop Me.

的职业的洞察力而带来的深刻价值，去熟悉她的作品都是非常值得的。

在兰德的小说中，她笔下的英雄之一——钢铁大亨兼发明家汉克·里尔登，在试图推销一种新型的、质量更好的钢铁时，面临着来自各方的反对和不公平对待。当这些问题困扰着他、阻塞他通往目标的道路时，他想："它不能阻挡我。"

再读一遍这6个字。在你进行"30天心智挑战"的时候，或者任何其他时候，把它们当作你的咒语吧。你没有必要在遇到问题的时候刻意去想一些乐观的想法。但你必须有坚定的信念。当你的想法游离的时候（这是必然存在的），不管是回想起昔日所受的侮辱（无论是真实存在过的或单纯感知到的）、过去的问题、不公正的待遇，或是思考当前的困难，考虑你的明确首要目标，内心认真体味这6个字："它不能阻挡我。"

如果你对你的目标饱含激情，这6个字将会非常有力量。

坚持和信念

拿破仑·希尔写过带着"信念"前行的必要性。但这对一些人来说可能很难理解。虽然我是一个有宗教信仰的人，但我对信念这个概念理解起来也很困难。有一位为千万人所知的著名牧师的好朋友兼合作伙伴曾经告诉过我一个故事，牧师在临终之际，他的一个孩子迷茫地喊道："爸爸没有信念！"

我无意评判这位牧师，也不评判其他有过类似经历的人。当我听到这个故事的时候，我跟那个告诉我的人坦言："我也是这样，多年来我一直是一个探索者，一个信徒，但我认为我没有你们所说的'信念'。"对我来说，信念似乎是被动的。所以，让我来提出另一种看待它的方式，如果你不是一个宗教信徒，或者像我一样，是一个对信念的含义有疑惑的信徒，你可能会觉得有用。

无论什么时候，你在这本书或拿破仑·希尔的任何著作中遇到"信念"这个词，都可以用"坚持"这个词来代替。你会惊讶于它是多么地合适。希尔在书中写道："信念与恐惧，一个是建设性的，另一个是破坏性的，它们是一对可怜的伙伴，若其中一个存在，另一个就不存在。"如果你用坚持来代替信念，你会发现希尔所说的话就有了新的含义。坚持是一种来自非凡力量的品质，它既不神秘，也不需要超然的体验，它是一种职业道德。

小说家赫尔曼·沃克（Herman Wouk）称赞威廉·福克

纳（William Faulkner）的言论："我只在灵感来袭时写作。幸运的是，它每天早上9点会准时到来。"我喜欢这种观念，无论是一名艺术家、专业人士或是商人，这个观念意指拒绝一切不切实际的东西，踏实行动。这样一来，当你热爱你正在做的事情时，坚持就会成为你的信念，这样做会更自然、更容易。因此，DCA无所不在的重要性会使你充满激情。

心智大师小组

拿破仑·希尔计划中最重要的步骤之一是组成一个心智大师小组，学习这会极大地帮助你向你的DCA进军。在他的系列著作中，有一整卷都是专门用来介绍心智大师，这说明了它对希尔哲学思想的重要性。

拿破仑·希尔将心智大师小组定义为："在一种和谐的精神下，在两个或更多的人之间，为了达到一个明确的目的而做的知识和努力协调的互助团体。"它真正的意思是与他人定期协调会晤，探讨并支持彼此的计划、目的和需求。希尔认为，一种思想的融合比每一种思想的总和更重要。如果几个人经常在友好、和谐和相互支持的精神下会面（心智大师小组中不可以有分歧），将有助于增强团队每个成员的创造力、直觉和智力。

拉尔夫·沃尔多·爱默生将这一过程称为“超越灵魂”（Over-Soul），这也是他的一篇随笔的标题。希尔非常相信心智大师小组的作用，并坚持认为没有这种重要的资源，就不可能取得持久的成功。在这个时间紧张的时代，人们很容易忽视这一步。

如前所述，你的心智团队可以由两个或两个以上的成员组成（但不能超过 7 人，人太多很麻烦）。仔细选择你的团队成员，关键因素是和谐与合作。你可以专注于一个小组目标，或者更可能的是，每个成员都有自己的个人目标。安排一个时间定期见面，讨论你的计划和想法，并交换建议和指导。当你们不见面的时候，牢记每个成员的愿望和需求。

在这个网络时代，人们经常在很远的地方生活和工作。我自己的心智团队从英格兰分散到南加州。我们的组织方式是这样的：5 名具有支持力、幽默感和精神价值的成员，每周定期在指定的时间召开一次电话会议。我们首先会阅读一篇简短的原则声明，每个成员各自提供一条自己上周的好消息，然后，每个成员轮流描述他对未来一周的期许，在一个成员表达了自己的愿望和需求后，每个成员提供建议、想法、鼓励，大家经常用祷告或其他形式表达支持。通话时间一般在一小时以内。

如果这个友好的联盟一直有目的且和谐地进行，迟早会产出非凡的成果。希尔教导说，心智大师小组的每个成员都能通过其他成员的潜意识获得更高的洞察力，他说，这会产生一种具有更生动想象的精神状态，使得新想法“闪现”在你的意识中。讨论经济和商业问题也有实际的好处。

我可以诚实地说，我们的心智大师小组是每个人生活中最有帮助和最有活力的存在之一，我知道所有成员都会同意这种说法。当我偏离航向时，我们的会议使我稳定下来，给我新的视角，并对我下一周的工作产生积极的推动力。希尔写道：“只有两个人的心灵连接，才可能创造出一种外部看不见也摸不着的隐形力量，就好像有了第三个心灵那样。”对他来说，这就是心智大师小组的“精神”阶段，在这个阶段，心灵可以被比作一种能量，它与他人的能量相结合，以加强直觉、思想和洞察力。无论你是否已经准备好跨越到这种思维方式，我可以向你保证，在你追求成功的过程中，无论从哪个角度看，心智大师小组都将发挥重要且实际的作用。希尔坚持认为：“强大的力量只能通过这种方式积累起来。”

行动步骤
你的自信宣言

智慧坚持需要真实的个人信息。以下个人宣言模板改编自拿破仑·希尔的第一本书《成功法则》，它有助于建立和维持健康的信心。请仔细理解这个宣言，然后把它写下来，并在上面签名。

每天至少重读一遍宣言，直到它成为你心理构成的一部分。多写一份带在身边，作为每天的提醒。这样做，你将再次利用心理暗示或自我暗示来培养自信的关键特质。

别管别人会怎么评价你的方法，在你的心智大师小组之外（你应该能够和他们分享一切），你不需要和任何人谈论它。最好也别这么做，只要记住，成功是你的目标，如果掌握和应用这个方法，将有助于你成功。

我相信我自己，我相信我的同事，我相信我的雇主，我相信我的朋友，我相信我的家庭。我相信如果我尽我最大的努力，通过忠诚和诚实的服务就会赢得成功，上帝会借给我一切我需要的成功要素。我相信祷告，在睡觉的时候，我绝不会闭上眼睛而不祈求神的指引，以使自己对别人有耐心，宽容那些不像自己这样相信祷告的人。我相信，成功是聪明、努力的结果，而不是依赖盲目的运气、狡猾的做法或欺骗的行为。我相信我对生活付出多少，就会得到多少。因此，我希望别人怎样对待我，我就会怎样对待别人。我不会散布或听信诽谤和流言蜚语。无论我看到别人在做什么，我都不会怠慢自己的工作。我将尽力为他人服务，因为我曾发誓要在人生中获得成功，而且我知道，真正的成功是认真而有效且努力的结果。最后，我会原谅那些冒犯我的人，因为我知道我有时也会冒犯别人，而我也需要他们的原谅。

记住：把这段话抄下来，签名，每天背诵，放一份在你常能看到的地方。

拿来就用

- 成功往往是通过意想不到的方式达到的。对各种可能性保持开放。
- 人生是有规律的。成功通常是在你站在当前的位置做了出色的工作后发生。人和环境最终会构成你的正向循环。
- 记住雷贝的名言："所有的好事都是意外之喜。"
- 研究拿破仑·希尔把智慧坚持联系起来的8个好习惯，以及16个会扼杀坚持的性格特征。
- 进行"30天心智挑战"，并全力以赴地去做。
- "它不能阻止我。"——这就是坚持不懈的座右铭。
- 成立心智大师小组是一个必要的步骤。不要欺骗自己，认为它是次要的或可以等到以后再做。这对你的努力至关重要。

06

第六章

当愿望落空

WHEN WISHES FAIL

在这本书的开头我就向你们保证过，我绝不兜售幻想，对此我是认真的。因此，我不能不考虑失败的情况就草草把这本书收尾。即使当你觉得自己已经努力坚持下来，并把每件事都做对了，有时候你还是会合理地推论出“自己失败了”这个结论。

我不能假装这种情况不会发生，也不能假装生活中的每一件事都像是某种垫脚石，或者说，至少在它第一次出现的时候不能这么想。但失败不是你庸碌无为的理由。肯定不是。正如拿破仑·希尔所说，唯一的、真正的失败是在你放弃的时候出现的。这听起来可能是老生常谈或陈词滥调，但我内心相信这是真的。我还想补充一下，只有当你失去了所有的职业道德、目标和理想时，失败才会到来，如果你没有失去这三样东西，你绝对可以找到一条新的路径。

为了说明这一点，我想引用美国近现代史上最不寻常的人物之一——埃德加·凯西（Edgar Cayce,1887—1945）的职业生涯。凯西被誉为替代医疗[①]之父，他在肯塔基州出生长大，是个虔诚的基督教徒。在他 14 000 多篇关于催眠的文章中，凯西列出了一些关键元素，这些元素后来在被称为整体医疗和超个人心理学等领域为人所熟知。

虽然凯西现在有广泛的崇拜者，他的作品在世界各地被广泛阅读，但在他的职业生涯中，有一段时间外界似乎给了他沉重的打击。我们将在凯西的这一人生插曲中，找到如何从失败中重新崛起的普遍教训。

从失败中生长的路径

1931 年的冬天，在医学上颇有洞见的凯西开始觉得，自己一生的工作都是徒劳。作为一名虔诚的基督教徒，凯西一直梦想着通过他在健康领域的积累建立一家疗养院。但是在

① 替代医疗：Alternative Medicine，尚未在通常的医学校内讲授的医学知识，尚未在一般医院内普遍实践的医学或医疗方法。

2 月份，这位疗愈者的弗吉尼亚海滩疗养院和研究中心的运营资金告罄，在开业不到两年的时间里就被迫关闭，患者们不得不转移，文件被运走，凯西在医院的各个走廊来回游荡，在这栋建筑被彻底锁上大门前收拾它并带走了自己的私人物品。

资金链是这么断的，凯西长期以来的资助人与他吵了一架，然后粗暴地背弃了他和他的事业；紧接着，经济大萧条的到来摧毁了他这个有着 30 个床位的机构。

“我已经被测试过了，”凯西告诉他的妻子格特鲁德，“我失败了。”

如今，这座原始的医疗机构不仅回归到了凯西成立的研究和启蒙协会（Association for Research and Enlightenment，A.R.E.）名下，最近还进行了重构，现在俨然是一个有着丰富功能的机构了，里面有一所按摩学校，一个健康水疗中心，还有大西洋大学的教室和办公室，以及一家健康食品餐厅，用餐体验很好，可以和旧金山和博尔德这种大都市的餐厅媲美。

新的疗养机构设计得时髦又舒适。我最近有机会在那里与女演员林赛·瓦格纳交谈，她出演过电视剧《无敌女金刚》（*Bionic Woman*），这是凯西的游客中心一个节目的一部分，这个中心也设计得很漂亮，配有最新的电视演播设施。

凯西的“运营一个全面的疗养中心”的梦想，在 1931 年那个严峻的冬天里，以一种他想象不到的方式被毁灭了。如今这种转变是怎么发生的呢?

医院关闭几个月后，凯西仍然孤僻、抑郁，他的大儿子休·林恩（当时 24 岁）找到他，想重建凯西的梦想。在休·林恩看来，他的父亲需要摆脱对单纯一两个大捐赠人的依赖，也需要摆脱那些不可靠的人。相反，休·林恩设想的是一个由核心成员支撑的组织，该组织将使人们全面参与到父亲工作的各个方面——无论是在个人治疗、精神成长还是自我发展领域——这样就可以为组织提供更稳定的成员支持。

从本质上说，休·林恩呼吁自主决策。他希望新成立的机构能够表现出：财政独立，在成员预算允许的情况下，有一种斗志，能做到的都尽可能去做；知识的完整性，要有决心去组织、核实和交叉验证凯西的经验，这样病人和求助者就不会被单一方法孤立地治疗。休·林恩的方法把暂时的失败转化成了新的行动和持久的目标。休·林恩的计划对今天任何面临挫折的人都是有用且广泛适用的，就像他父亲在 20 世纪 30 年代早期的计划一样。以下是休·林恩对埃德加·凯西说的话，由凯西家族的朋友、传记作家托马斯·萨格鲁（Thomas Sugrue）记录：

“也许就是我们自身的问题。我们不要再期望别人来为我们做事，而是要自己为自己做事，这个世界确实不欠我们什么……我们应该像其他人一样为自己的所得而努力。

“首先，我们对要售卖的东西一无所知。我们看待局部的信息就仿佛是把它当作一个水龙头。只要打开水龙头，我们想要的东西就会流出来。比如说，我们想给这个世界贡献智慧，那当打开水龙头时，就能从水龙头里流出智慧。我们认为我们提供的东西就是智慧，仅仅因为我们有一个水龙头。

“我们对精神现象一无所知，我们有自己的经验，但不知道在这个领域还有些什么。

“关于生命的解读，我们知道些什么？是否足够了解历史？能做到核实人们提到的时间范围，并且每次都给他们一份参考书目和文章清单吗？当然不能！

“我们是否对哲学、玄学和宗教有足够的了解，能够检阅这些领域的相关资料？

“当一篇文章提及所谓哲学真理时，我们知道还有哪些哲学家相信这个真理吗？以及有哪些宗教在他们的教义中提及过这个真理吗？

“当人们发表关于解剖学、疾病、药物或草药的使用声明时，我们是否了解医学权威们的态度，是相信它、谴责它，还是对它一无所知？

“如果有人问我们关于阑尾炎、胃溃疡、偏头痛、普通感冒、癫痫、婚姻、宽恕罪孽或是爱情的一切，我们能回答吗？当然不能。当疗养院被关闭时，这些工作才刚刚开始。

“我认为，我们最好停止寻求大额的捐赠，停止再筹办另一家疗养院的梦想，而要集中精力发展一些小生意，这样，当下一次变化来临时，我们就能做更好的准备，而不会错失机会。”

“我不知道该怎么干这种活。”埃德加说道。

“你不必这么做，”休·林恩说，“我来做……我将接替协会经理的工作，我们将保持在一个较小的规模，将用最适当的预算计划去做。

“我们会在感兴趣的当地人的帮助下，悄悄地独立工作，我们会成立学习小组，阅读各种主题的系列读物，建立一个关于精神现象的图书馆。

“当人们来询问我们做什么时，我们可以聊些别的，而不是告诉他们我们只是每天挑选两篇读物，把它们发送给付费用户，然后把副本存档。对于一个名为‘研究和启蒙协会’的组织来说，这算不得什么。”

先不谈凯西的工作，我请你先思考一下休·林恩的想法可以如何应用于你自己的生活。我在他的声明中找到了4条原则：

（1）自给自足。尽可能地培养一种现实的自立意识。你的计划或项目的规模是否合理，或者它们是否过度依赖他人的资源和认可？局外人支持的坍塌速度可以和他们提供支持的速度一样快。要建立坚实的基础。

（2）更高愿景。定期自查，以确定你是基于服务于更崇高的事物的伦理确定性来打造计划，并在为世界提供真正的利益。

（3）稳定投入。耐心而有条理地构建你的项目。在资源允许的情况下，能做多少就做多少。这条建议不仅实用，而且还能让你感到满足，因为你知道事情是在自己未做过多妥协的前提下，在自己能力范围内运作的。

（4）劳动价值。不断地问自己：我是否以最高的质量和正直的态度在做我的工作？我是否在工作中运用了必要的技巧和努力来提供最好的服务？

行动步骤
必记要领

当你从失败中恢复并制定新计划或修改旧计划时，希尔总是把失败称为“暂时的失败”，回顾一下领导力的这 11 个主要特征。希尔认为所有伟大的成功者都具备这些共同特质。

- 不屈的勇气。
- 自控。
- 对正义敏感。
- 决策明确。
- 计划明确。
- 做得比应得的更多的习惯。
- 讨人喜欢的性格。
- 同情心和理解力。
- 细节控。
- 愿意承担全部责任。
- 与他人合作。

仔细研究这些特质。你的配偶或身边其他重要的人会说哪些特质是你的弱势？你的同事会怎么说？你的孩子或兄弟姐妹又会怎么说？也许你在其中一个或多个方面的弱点就像一股激流，不管你多么努力地向目标游去，它都会把你带偏。这些特质中有些会在附录“成功的16条法则”中有更多展开。

我的目标定得够高吗？

这可能看起来有违直觉，但目标定得太低会形成成功的障碍。你可能无法和类型匹配或天赋匹配的人相处，可能遇不到有决策权的人，可能会在领导面前、公共场合和口口相传中失去曝光自己的机会，而这些机会正来自在更大的舞台上展示你的想法、服务或产品。

这种事曾发生在我身上。2007年，我在写第一本书时，仍继续为各种杂志写关于另类精神主题的文章。但我对自己作品的出版方式不满意。另类精神文化领域的小杂志有时会把我的作品藏得很深，而不是把它们放在封面上宣传。我觉得自己的作品质量很高，值得更好的曝光。我被困在其中不知道如何是好。

一天，我和我的朋友马克·瑟斯顿（Mark Thurston）共进午餐。马克·瑟斯顿是一位作家兼教师，他毕生都在研究埃德加·凯西的心智——精神理念。我把我的困境告诉了马克。他的回答非常简单并为我指明了方向："听起来，你需要为更好的杂志写文章。"我从来没有想到过这一层。也许我的作品卖得不好是因为它们被安放在了错误的地方。我需要拓展我的职业关系、曝光度和渠道。在接下来的几年里，我在《华盛顿邮报》（*The Washington Post*）、《华尔街日报》（*The Wall Street Journal*）、《美国新闻与世界报道》（*U.S. News and World Report*）等杂志上发表了文章。此后几年，我为《纽约时报》（*The New York Times*）、《沙龙》（*Salon*）、《政客》（*Politico*）、时代网站（Time.com）、CNN（CNN.com）网站等渠道撰稿。我从为小型亚文化杂志撰稿，认为自己的作品得不到适当的评价，到转变为在美国广泛阅读的出版物上发表署名文章来谈论那些国家媒体上并不常见的话题。

是什么改变了我呢？多亏马克的意见，让我意识到了我可以且需要去扩大我的作品应该出现的地方。我致力于撰写关于另类精神话题的严肃文章。我当时相信，现在也仍然相信，非主流话题的文章应该和任何主流话题的文章一样，具备同等的质量和辨识度。我所需要做的就是把这个使命带到更广泛的文化中去。我这么做了，而且成功了。

以下是拿破仑·希尔的个人经历总结：

> 太多的人拒绝为自己设定高目标，甚至忽视职业的选择，因为他们害怕亲戚和朋友的批评，他们可能会说：“不要把目标定得太高，人们会认为你疯了。”
>
> 当安德鲁·卡耐基建议我用20年的时间来研究个人成就的哲学时，我的第一个念头是害怕别人会说些什么。这个建议为我树立了一个目标，它远远超出了我曾经设想过的任何目标。刹那间，我的脑海里开始编造各种借口和理由，它们都可以追溯到我内心对批评的恐惧。我的内心有个声音在说：“你做不到的，这个工作太大了，需要太多时间，你的亲人们会怎么看你？你将如何谋生？没有人整理过关于成功的哲学，你有什么资格相信你能做到？你是谁，能有这么高的目标？记住你卑微的出身，你对哲学了解多少？人们会认为你疯了（他们确实这么认为了），为什么以前没有其他人这么做过？”

这些问题，还有许多其他的问题闪现在我的脑海中，企图吸引我的注意。仿佛整个世界都突然把注意力转向了我，目的是要嘲弄我，使我放弃一切要照卡耐基先生说的去做的想法。

我当时有过很好的机会，差点在野心将我控制之前把它扼杀掉。后来，在分析了无数人之后，我发现大多数想法都是胎死腹中，需要通过立即行动的明确计划来为它们注入生气。孕育一个想法的时候就是它诞生的时候，它每多活一分钟，就有更多的机会存活。

我强烈建议你思考一下，你在追求自己的目标时是否足够大胆，是否把自己的作品带到了一个足够大的舞台上，或者让它得到了充分的曝光。不要误会我的意思：我认同从小事做起、从自己力所能及之处做起，也相信遵循所谓的“蓝领成功之路”——缓慢并稳定地一步步走下去，履行自己的职责，但你应该定期检查自己，看看自己是否已经长得超过了你所成长的花盆。考虑一下你是否得到了足够的阳光、土壤和养分来把你的作品带到更大的世界，如果没有的话，就把目标设得再高一些。

应对悲剧

没有什么语言能够抚慰生活中偶然降临在我们身上的悲剧。意外、疾病或不可预见的事件会颠覆我们原本做好的一切计划。约翰·列侬在他的歌曲《美丽男孩》(*Beautiful Boy*)中改编了一句流行的格言:"过马路之前,牵住我的手。生活就是在你忙于制定其他计划时发生在你身上的事。"

这位艺术家在 1980 年遇刺前 12 个小时还告诉记者:"生活并非我们全然不能控制的。我仍然相信爱、和平……我仍然相信积极思考。"列侬的声明不应该被贬义地解读。这是一个承认生活未知性的人的理想宣言。

如果你突然发现自己在生活中遇到了非同寻常的困难,你的目标或优先事项可能有了翻天覆地的变化。此时从磨难中恢复或各种宣泄可能会成为你的主要需求。你的 DCA 看起来像是记忆一般。但即使是生活发出了重大挑战,也不意味着你要放弃更高的目标。

克里斯托弗·里夫(Christopher Reeve)于 2004 年去世,他被《心理科学》杂志评为 2003 年的"年度精神英雄",下文是我当时为他写的人物简介中的一部分。这位演员在 1995 年骑马时发生事故,导致四肢瘫痪。他所遭受的悲剧无法用言语来形容，但是里夫在自己和他人的康复过程中表现出了非凡的使命感。

奇迹大使

克里斯托弗·里夫总是被描绘成在面对难以承受的残疾时的希望和决心的象征，无论是作为一名孜孜不倦的残疾人事业活动家，或者作为其他人应对瘫痪或疾病的灵感来源。作为医学界的最高公共服务荣誉——拉斯克奖（Lasker Award）的获得者，里夫名副其实。但是，实际上，这位演员和活动家的生活曾比其他人都渺小，也曾比他们都伟大。

《心理科学》选中里夫作为2003年的“年度精神英雄”，是选择了一个拥有独特精神生活的人物，虽然这种独特曾饱受质疑。他的生活在许多方面代表了不同于大多数美国人的残疾者的生活，他们与严重的残疾作斗争，或者被严重的残疾所困扰。

里夫是第一个这么说自己的人，他说他不是电影中的英雄。“我不想听起来那么高尚，”他曾在国家公共广播电台说道，“我得承认，有时候我太嫉妒了。你知道，我看到有人从椅子上站起来，伸个懒腰，然后我会在想，‘不，你根本就没想过自己在做什么，你能这么做是多么幸运。’”

里夫并没有摆脱那些我们生而为人所承担的东西。首先，他是一个背负着沉重负担的普通人：这位电影中的超人在一次骑马事故中瘫痪，但他奋斗的尊严、广度和深度使他与众不同。

在 1995 年的骑马事故导致他瘫痪之前，里夫对触及生命意义的问题感到不安。作为长老会教徒长大的他，从短暂的信奉山达基教[①]到重生课程，再到激励工作坊，他都没有找到一个让他感到自在的精神视角。直到近年来，这种情况发生了变化。“我发现了一些存在于头脑中或精神中的东西，这是必然的。我不知道这些东西的确切位置，如果不是那次事故，它们可能永远不会被我发现。”里夫在一次电台采访中说，“……说来也怪，我的心智对自己的反感在事故发生前要比事故发生后更甚。”

如今，里夫拥有了一套核心理念，这些理念在他事故发生后的公开声明中反复出现。它们就是：

- 相信当我们鼓起勇气面对我们的悲剧时，更高尚的事

① 山达基教：又名科学教，文中为 Scientology 音译，科学教自成立以来迅速在多国传播，一度在美国拥有十多万信众，是由美国科幻小说作家 L. 罗恩·哈伯德（L.Ron Hubbard，1911—1986）在 1952 年创立的信仰系统，在中国不是合法宗教。

物的荣光一定会浮现。

- 相信我们的思想对我们的身体健康起着至关重要的控制作用。
- 相信我们有潜力超越自身被外界定义的种种可能。

当里夫刚刚遭受脊髓损伤时，权威医学认为脊髓组织不能再生，这严重限制了他对身体恢复的期望值。在美国脊髓损伤协会设计的五级分级中，里夫被评估为最严重的 A 级损伤。但随着时间的推移，奇迹发生了。

2000 年，里夫发现自己可以移动左手食指，一位神经学家称之为奇迹。此外，到 2002 年，里夫已经恢复了大约 20% 的身体活动能力和近 70% 的身体感知能力。他对加拿大《环球邮报》（*The Globe and Mail*）表示，“我不喜欢最后通牒。我认为医生在告诉病人‘你只能活一年了’，或者‘你将永远无法行走’之前应该非常谨慎。”

里夫和他的医生将他的成功部分归因于事故发生后他所坚持的严格而专注的锻炼计划。有人猜测，里夫的锻炼方案重建了某种大脑和身体之间的通路，而这种通路在他脊柱受伤时被损伤了。但里夫曾对英国《观察家报》（*The Observer*）表示，心智锻炼也产生了强大的影响：

> 我们身体上发生的很多事情都是由我们的思想控制的。1997年，由于鞋子太紧，我的左脚踝出现了严重的感染。我被告知，在整个身体被感染之前，我的腿可能要被切除。我记得我在沙滩上画了一条线，然后想："你不能拿走我的腿，我需要它。"我尝试了强力抗生素，效果不错，但8天后我开始过敏。我在我们位于马萨诸塞州西北部的乡间别墅里，我记得自己在门廊上坐了好几个小时，凝视着群山，想象着我的脚踝又恢复到了以前的样子，提醒自己身体想要痊愈，想要重新变完整。前后花了6个月的时间，现在你根本看不出那里曾经有过感染。

里夫既是一个理想主义者，也是一个实用主义者。"我不相信虚假的希望。我不相信一厢情愿的想法。"他曾对芭芭拉·沃尔特斯（Barbara Walters）这么说道。他很快就坚持认为，修复脊髓损伤需要的远不止积极视觉想象治疗。这促使里夫成为影响残疾人事业的政治活动家。他最近还加入了关于胚胎干细胞研究的公开辩论。

和许多为残疾人辩护的人一样，里夫相信，胚胎干细胞研究对于找到诸如瘫痪、葛雷克氏症和阿尔茨海默氏症等使人衰弱的疾病的新治疗方法至关重要。然而，反对者将从受精卵中提取干细胞的干细胞研究视为等同于流产的行为。2001 年，乔治 · W. 布什总统与反对者站在一边，签署了一项行政命令，禁止联邦政府为该类研究提供资金。

里夫已成为该禁令最直言不讳的批评者之一。在许多公共论坛上，他强调干细胞研究的前景，讽刺的是，此前用于此类实验的受精卵都是美国诸多试管生育诊所所丢弃的，不用于研究的话，它们就会被当作生物医学废物处理。不过，到目前为止，里夫的推论在那一届政府中没有赢得多少支持者。

里夫着重批评了一些宗教团体在限制干细胞研究中发挥的作用。他曾在接受英国《卫报》（*The Guardian*）采访时表示：

> 我们在处理这项新兴技术时严重违反了政教分离的原则。想象一下，如果开发脊髓灰质炎疫苗是一个有争议的问题，肯定会有宗教团体出来捣乱，比如说耶和华见证会，他们认为输血是一种罪恶。如果总统出于某种原因决定听从他们的意见，而不是听从天主教徒的意见，而他在做关于胚胎干细胞研究的决定时真正听从意见的群体又正是天主教徒，那我们的输血研究进展现在又会如何？

第二天，里夫在克里斯托弗·里夫瘫痪基金会的网站上发表了一份声明，向天主教会和“任何可能因他的言论而受到冒犯的宗教信仰者”道歉。然而，他仍坚持，“我相信政教分离。在讨论公共政策问题时，我们的政府不应该受任何宗教的影响。”

虽然里夫坚持认为有必要推动研究进展，但他并不是在等待新的发现，而是在创造他自己的可能性。里夫是第一个承认他的个人财富使他能够负担大多数美国人无法负担的医疗保健的人。他也是保险改革的倡导者。尽管如此，神经科学家称里夫的进步是惊人的。

当里夫恢复了一定的活动能力和身体感觉时，华盛顿大学医学院脊髓损伤项目主任约翰·W. 麦克唐纳博士（Dr. John W. McDonald）跟《纽约时报》说，“他做了一件所有人都认为不可能的事。他的伤势是最严重的级别，而且 5 年来都没有好转。现在他每天都在进步。”比里夫的进步更加引人注目的是，他公然挑战了传统观念，即任何脊髓损伤的恢复都只能发生在损伤产生的最初 6 个月到一年内。

如何解释这个显而易见的奇迹呢？里夫把它归因于医学所能提供的最好的部分，以及他自己的思想体系和信仰力量的结合：

在我受伤后7年多的时间里，从未做过一个自己是残疾人的梦。我不知道为什么。我想这可能是因为我坚信自己肯定能重新走路。科学家一直致力于研究这个情况，研究结果将在未来某个时间发表，（这个研究表明）如果你在梦中很活跃，比如你梦到自己在驾船、跑步、爬山、骑车或做任何其他运动，你大脑的运动神经元活动就跟你在现实中做这些事情一样。因此，也许我的康复部分是由于我在睡梦中还在不断地锻炼自己的身体。

不管原因是什么，里夫的病例给许多研究人员和病人带来了新的希望。多年前，许多退行性或麻痹性疾病根本没有进展。2002年，里夫写道，“今天，一切都变了。自从我受伤以来，世界各地的科学家都在稳步前进，尽管他们的进步速度不像很多病人希望的那样快。但至少他们都在公开场合表示，正如我们大多数人私下里也这么认为，使用‘不可能’这个词已经不再合适或没有必要了。”

他的新书《没有什么是不可能的》（*Nothing Is Impossible*）书名是可以用来应付各种逆境的座右铭。“当我说没有什么是不可能的时候，”他曾在接受美国国家公共电台（NPR）

采访时说，“我并不是说猪都能飞了。我说的是我们可能不太了解自己身上那些可利用的内在资源，你并不需要通过濒临死亡才能发现它们。我们能做的比我们知道的多得多。我们只是有时候不敢朝那个方向冒险罢了。”

里夫曾访问过以色列，以色列是自2001年美国停止资助干细胞研究以来一直处于该项研究领先地位的国家之一。他盛赞当地的技术进步，并试图在那里寻求和传播灵感。“我看到了一些非常、非常不同寻常的东西，”他告诉记者拉里·金（Larry King）：

> 我遇到一个阿拉伯裔以色列年轻人，他受伤两年了，但受伤后两周内就做了手术，他的伤势比我的还稍微严重一点。他的胸部高处受了伤，胸部往下都瘫痪了。两年后的今天，我见到了他，他可以在双杠中间走路了，这都是因为在以色列做的手术。这是我见过的最了不起的人类康复案例。这让我非常感动。

里夫在以色列遇到了其他病人，包括一位颈部骨折后重新学会走路的德鲁斯妇女，她打破了传统医学的预期。他显然被眼前的一切感动，这种感动是双向的，“你是我的英雄。”

一名在一次自杀性爆炸中腰部以下瘫痪的 26 岁男子这么对他说。

在这些会面中，以及其他许多会面中，里夫在某种程度上成为了奇迹的使者。从里夫自己的康复、他所暗示的希望、他帮助他人所做的努力以及他对引起世界关注的案例传播中，我们发现克里斯托弗·里夫的英雄本质就在于：他是我们每个人内心永不放弃的声音的化身。

工人阶级英雄

接下来是另一个故事，关于一个我一直在积极研究的一个人，他渴望超越悲剧，不仅找到了自己生活的目标，而且还帮助无数人找到了他们的目标。

你可能听说过一本袖珍书《做你想做的人》（*As a Man Thinketh*）。1903 年，一位名叫詹姆斯·艾伦（James Allen）的英国工人写了这本书，《做你想做的人》的影响遍布全世界，但它在美国的影响最大，它成为了美国自助励志文学的奠基文本。詹姆斯于 1912 年死于肺结核，当时他 47 岁，他在他去世的 9 年前写了这本书。他的童年充满了悲剧，似乎没有出路，但詹姆斯却闯出了一条路。

詹姆斯 1864 年出生在英格兰中部的工业城镇莱斯特，他的父亲威廉是一个成功的针织制造商，培养了詹姆斯在阅读和哲学方面的兴趣。纺织品贸易的低迷迫使威廉破产。1879 年，他到纽约找工作。他的计划是安顿下来，攒一笔钱让家人过来和他一起生活。但就在圣诞季即将来临之际，詹姆斯刚满 15 岁，詹姆斯一家收到消息说，他们的一家之主已经去世了。威廉在到达纽约两天后就被发现遭到抢劫和谋杀，他伤痕累累、口袋空空地躺在一家市立医院里。

詹姆斯的母亲玛莎并不识字，她需要自己独立抚养詹姆斯和他的两个弟弟。为了养家，小詹姆斯不得不离开学校去工厂做针线活。这个少年一直是他父亲的最爱。作为一个狂热的读者，詹姆斯会花好几个小时向父亲询问关于生命、死亡、宗教、政治和莎士比亚的问题。“我的孩子，”威廉曾对他说，“我要让你成为一个知识渊博的人。”然而这些希望都破灭了。

詹姆斯在当地找到了一份编织工的工作，这份工作占据了他接下来 9 年的精力。他有时一天工作 15 个小时，即使在工厂紧张的生活，他仍然保持着父亲的勤奋作风。当同事出去喝酒或补觉时，詹姆斯每天仍学习和阅读两到三个小时。

同事们称他为“圣人”和“牧师”。

詹姆斯通读了他父亲留下的莎士比亚作品以及伦理和宗教等书籍。他下定决心要发现生活的“中心目标”。大约在1889年，他在伦敦找到了一份新工作，当上了私人秘书，比起在工厂工作，这份工作显然更适合有书生气息的他。

到19世纪90年代中期，詹姆斯·艾伦加深了对精神哲学的探究，沉浸在约翰·弥尔顿（John Milton）、拉尔夫·沃尔多·爱默生（Ralph Waldo Emerson）、沃尔特·惠特曼（Walt Whitman）的作品中，以及《薄伽梵歌》（*The Bhagavad Gita*）、《道德经》（*Tao Te Ching*）和佛陀语录的早期翻译中。艾伦还通过拉尔夫·沃尔多·特林（Ralph Waldo Trine）、奥里森·斯威特·马登（Orison Swett Marden）以及后来的克里斯蒂安·D. 拉尔森（Christian D. Larson）的作品对美国的新思想文化产生了兴趣。对新思想文学的阅读使他的思想面貌更加鲜明，这主要体现在他关于思想决定命运的观念上。

经过几年写文章为自己发声的磨炼，1903年，詹姆斯发表了他简短但有力的沉思录《做你想做的人》。在詹姆斯看来，这句简短的话阐述了他的核心哲学，即一个人的思想，不是带来其自身处境的原因，而是其之所以“成为自己”的原因，并且会塑造这个人的生活基调。

在《做你想做的人》的结尾，詹姆斯以一种类自传的方式写道：

> 这是一个被贫困和劳动压迫的青年，他长时间被限制在不健康的车间里，没有受过教育，缺乏教养。但他梦想着更好的东西：智慧、教养、优雅和美丽。他在精神上设想并建立了一种理想的生活状态；他将拥有更广阔的自由空间和更广阔的视野；不安促使他采取行动，他会利用自己所有的业余时间和手段——不管它们有多短、多小——用来发展自己的潜力和资源。很快，他的思想就彻底改变，车间便留不住他了。

这些话可以被理解为詹姆斯·艾伦的人生教训：我们思考什么就会成为什么，而专注、受过教育、有目标的头脑，可以将我们提升到超乎寻常、无法预见的高度。

《做你想做的人》仍然是历史上阅读最广泛的励志作品之一。从诺曼·文森特·皮尔（Norman Vincent Peale）到迈克尔·杰克逊（Michael Jackson），许多名人都受到了它的影响。这本书的成功使詹姆斯在他的余生中都致力于写作。

1913 年，詹姆斯的妻子莉莉在丈夫去世后一年写道：“他从不写理论，或者为了写作而写作；他只在有信息要传达的时候才会写作，而只有当他在自己的生活中实践其观念并且拿到好结果的时候，观念才会成为信息。”

我的目标是正确的吗？

即使没有像克里斯托弗·里夫和詹姆斯·艾伦那样面对人生大转折，你可能仍然会发现自己在日复一日的变化中面临障碍，一直在敲一扇似乎永远不会打开的门。在这种情况下，我们需要在特定的时间和地点提出这样的问题：我的目标是正确的吗？随着环境变化——不管是地理、技术、需求或者来自外部的变化，你的 DCA 可能需要修改。首先，一定要理解失败的本质。如前面所述，不要把暂时的挫折或缓慢的进度误认为是失败。如果你发现自己被困在一份与你的 DCA 相距甚远的工作中，你就更需要对自己的 DCA 有一个清晰和明确的认识，因为这是你改进的跳板。

话虽如此，如果我不承认确实存在事情不尽如人意的情况，那我就是不诚实的。在这种情况下，你的目标可能在不经意间就使你遇到难以磨灭的障碍或意想不到的复杂情况，这就意味着你需要改变原有目标或设计一个新的目标。这个过程必须无畏而果断。你可以从这本书或任何一本拿破仑·希尔的书重新开始。但是在你开始构思一个新的目标之前，请思考你真正想从自己的目标中得到什么。比如，你的目标必须要能谋生吗？我知道这很诱人，有时甚至会喧宾夺主。但谋生的部分真的是必要的吗？

让我通过回忆来阐明我的意思，在我青少年时期，一位朋友曾纠正我对艺术和艺术家的错误态度。十几岁的时候，我想成为一名演员。我被长岛艺术高中录取了。我的老师伯特·迈克尔斯（Bert Michaels）是一位才华横溢、坚韧不拔的教师，他在戏剧、喜剧和音乐剧等领域都是一位颇有成就的表演者。他在传奇版的《西区故事》（*West Side Story*）中扮演最早的火箭帮成员之一，并与伍迪·艾伦（Woody Allen）、约翰·特拉沃尔塔（John Travolta）和哈尔·普林斯（Hal Prince）等银幕及舞台人物合作。我人生中最后悔的一件事情就是，在自己还是一个青少年的时候，我还不够成熟，没有好好珍惜伯特带给我的一切。

在我高中一年级的时候，我父母离婚了，我们家的经济状况陷入了窘境。我知道，很快我就需要自己养活自己了。

我觉得演戏不是一个经济稳定的职业选择。我决定不继续走那条路，而是把高中最后一年的时间用来提高成绩，为上大学和我认为更实际的职业道路做准备。

大学毕业后的很多年里，当我从事出版工作时，对自己离开演艺圈的选择都感到很安心。我相信在15岁的时候，我已经作出了一个睿智且现实的决定，我为自己感到自豪。在我30多岁的时候，有一次我跟一个才华横溢但仍在艰难奋斗中的舞台剧演员朋友说，“我认为，如果一个人在戏剧艺术领域到了一定年龄还没有取得突破，那就应该放弃它，转而去追求一个更实际、收入更稳定的职业。”我跟他说，“如果一个人并无特定的身形条件，或者不具备舞台所要求的优雅身段，就意味着他是时候去找一份新职业了。”

我的朋友告诉我我错了。他说，“作为一名演员投身艺术本身就是一种生活方式，也是一种极有价值的生活方式。一个艺术家不应该因为他的作品本身付不起房租，或不能带来名声或广泛的赞誉而放弃。”他说，“一个艺术家是具有奉献精神的，因为对自己所做的事情有热爱，也是对自己在这个领域成长起来的承诺。”我受到了冲击，我的朋友是完全正确的。那么多年以来，我自认为自己是个务实的、现实的人——但他的说法有着更深层的逻辑。

事实是，你的 DCA 可能永远不会为你支付账单。日常工作可能是伴随一辈子的现实问题。但是，生活中还有更重要的东西，它和金钱一样重要，和稳定一样重要。对你所爱之事的深深奉献，即使永远不能让你开上豪车，也是一份非凡的礼物。这是一份有意义的礼物。这正是你自己。正如我的朋友所说，为自己的愿景和激情服务并不是失败。

我对你和每一个读这本书的人最深切的祝愿是，你能找到并追求你人生中最亲密的目标。我向你们保证，在这条饱含正直、投入和承诺的道路上，只有成功。

拿来就用

- 即使我们把每件事都做对了，或者认为我们做对了，失败也是可能存在的。但它不一定是延续的，沮丧的，或永久的。
- 这里有4条原则帮助你从挫折中恢复过来：重盘你的项目规模，至少在早期阶段尽可能做到自力更生；对你想要实现的目标保持一个更高的视角；稳定、耐心、坚持地前进；永远确保你以最大的努力和正直的态度来完成工作。
- 研究拿破仑·希尔关于个人成功的11个特质。努力找出你拥有什么、缺乏什么。
- 要确保你的目标定得足够高。确保你还没有超越你现有的人际关系、所处的位置和领域。
- 悲剧是真实的。但它并不会妨碍一个有意义的存在或一个新目标的达成。
- 经济上的挑战和陷阱并不意味着你不能取得成就。研究一下作家詹姆斯·艾伦的生活。
- 勇敢地思考你是否有正确的目标。
- 即使 个目标不能给你带来名誉或财富，它仍可以是对的。

结束语

关于恐惧的思考

我之前提到过，拖延不仅是梦想的杀手，也是恐惧的一种表现。恐惧绝对是你个人进步和行动能力的最大障碍。当你开始任何新的事业时，可能会时不时地发现自己被恐惧的情绪所控制。无论你的性格如何，你都可能会经常遇到这种情况，或者至少比你想象的频率要更高。基于拿破仑·希尔在《思考致富》中关于恐惧的重要建议，我将在这一部分概括介绍应对方法。

无论何时何地，当你感到被恐惧所困扰时，我希望你回想一下这段简短的文字。这是绝对的真理。让它成为指引你穿越恐惧风暴的灯塔。

恐惧绝不是用来讨价还价或是用来屈服的。它会剥夺你个性上的吸引力，破坏你思考上的可能性；还会转移你的注意力，扼杀你的毅力，让你的意志力化为乌有；它也会摧毁你的野心，模糊你的记忆，并最终带来各种各样的失败。

恐惧会扼杀感情，抑制心灵产生的美好情愫，损伤友谊，并且导致失眠、痛苦和不幸。

恐惧的情绪是如此具有伤害力和破坏性，可以说是比任何可能降临在你身上的事情都要糟糕的东西。

如果你对贫穷感到恐惧，那就设计一个可以让自己不再焦虑的财富目标；如果你害怕失去爱，在有必要的情况下，做一个在没有爱的情况下也能好好过下去的决定；如果你有一种普遍的忧虑感，那就作出一个不设限的决定，让生活中不再存在那些值得你付出恐惧代价的任何事物。这个终极真理会支撑你走下去。

记住：克服恐惧最好的办法是对成就有强烈渴望，并在追求目标的过程中以有效的行动作为后盾。

附录

成功的16条法则

成功有 16 条法则：这些特质几乎可以在任何一个杰出人士的生活中找到。拿破仑·希尔的每门成功课程都会详细介绍其中的一条或多条法则。虽然掌握完整的 16 条法则很重要，但从某种意义上说，每一条法则之间都是有内在联系的，就像可以从一颗孤独的橡子追溯到它来自哪片原始森林一样。

（1）明确首要目标。所有成就的起点都是一个明确的、充满激情的、首要的目标。你必须把它写下来，每天阅读，不断地付诸行动，并全身心地投入你的精力。

（2）心智大师小组。这是一个友好的联盟，人数 2 到 7 人不等，他们定期见面交流想法、建议，有时也为彼此的成功进行冥想和祈祷。它对你的成功至关重要，因为汇集智慧的结果往往大于它们独立存在的时候。

（3）自信。你必须拥有或建立信心来推进你的计划。如果自信不足，你可以通过冥想、视觉具象、自我暗示和心智大师小组来增强自信。

（4）储蓄的习惯。节俭就是力量。你必须从你的收入中拿出一部分用来储蓄。至少把你所有收入的 10% 存起来，保持这个规律。

（5）主动性和领导力。领导能力对成功至关重要，而主动性是领导能力的基础。主动性意味着在没有人授意的情况下做应该做的事情。只有那些主动实践的人才能成为领导者。

（6）想象力。为了获得一个明确的目标，获得自信、主动性和领导力，你必须首先在你的想象中创造这些品质，并把它们视为自己已经拥有的品质。想象力是一种具象化的能力，它能列出你的计划，并将你的知识与想法联系起来。

（7）热情。这是让你把事情做好的关键因素。没有热情，一切皆不会成为可能。有了它，你会表现出近乎奇迹、不知疲倦的投入。这也是为什么你的目标必须要能激发你的热情。热情是最接近灵丹妙药的东西。

（8）自控。自我控制是一种力量，通过它，你的热情会被引向建设性的目标。没有对言语、行动和思想的控制，热情就像突如其来的闪电，它可能感染任何地方。成功的人既有热情又能自控。

（9）不要只是拿钱办事。当你专注于自己喜欢的工作时，你是最有效率的，也会更快速、更容易地成功。当你满怀激情地工作时，你的工作质量和数量都会提高，自然会做更多更好的工作。这就是为什么你应该为自己找到最喜欢的工作。

（10）令人愉快的个性。你的个性是你的特征和外表的总和：你所穿的衣服、你的面部表情、你身体的活力、你握手的力度、你说话的语调、你的思想，以及最重要的，由这些要素所形成的个性。

（11）准确地思考。准确地思考对成功至关重要。这种思维方式意味着你要依靠与你的目标相关的事实、观察、经验和数据；也意味着要远离八卦、谣言、道听途说、闲言碎语和未经考量的意见。

（12）专注。你越专注于你的目标，你就越能从自我暗示的法则中获益，通过这种法则，持续的、充满情感的思绪会给你的潜意识留下印记，并组织你的思想和能量以服务于你的明确首要目标。专注是一种力量。

（13）合作。成功不是一蹴而就的。它需要合作的力量。如果你的工作是建立在合作而竞争的基础之上，你会更快地取得成就，并获得额外的幸福感。为了赢得别人的合作，你必须为他们提供强烈的动机或奖励。

（14）从失败中汲取经验教训。我们所谓的失败往往是暂时的失败。暂时的失败在回头看时往往被看作一种祝福，因为它会触动我们，重新引导我们的能量沿着更理想的道路前进。倒退、挫折和暂时的失败会推动被成功驱动着的人们去改善自己的性格和计划。

（15）宽容。狭隘、偏执、带有敌意的讽刺和恃强凌弱会树敌。它们会瓦解有组织的社会力量，会蒙蔽群众的心智，让人们失去理性。要想取得持久的成功，就必须学会控制这些力量。

（16）黄金法则。你的思想和行动将启动一种力量，它在他人的生命中来回穿行，并最终会回过头来帮助或阻碍你。这个法则是不可改变的，但你可以适应它，并把它作为一种不可抗拒的力量，利用它带你走向成功。在生命中的每一分每一秒都尽你所能去遵循黄金法则。